Edition Akzente
Herausgegeben von
Michael Krüger

50.

Los Chinchillas.

Karl Heinz Bohrer

Provinzialismus

Ein physiognomisches Panorama

Carl Hanser Verlag

ISBN 978-3-446-24225-8

Umschlag: nach einem Entwurf von Klaus Detjen
unter Verwendung des Capricho 41: Ni mas ni menos
(1797–98) von Goya
Frontispiz: Goya, *Capricho 50: Die Chinchillas* (1797–98)
Satz: Filmsatz Schröter GmbH, München
Printed in Germany

Inhalt

Vorwort

Die hier versammelten Texte über politische, soziale und psychologische Facetten des (west)deutschen Provinzialismus – genauer des Provinzialismus der westdeutschen Intelligenz in Politik, Universität und Kulturbetrieb – erschienen erstmalig in lockerer Folge zu Beginn und Ende des letzten Jahrzehnts in der Zeitschrift *Merkur.* Sie kreisten nicht nur um ein Wort, das sofort aufgegriffen wurde, sondern provozierten in den angesprochenen Kreisen, besonders in den Medien, eine Indignation, ja ein Empörungsritual, was dem Verursacher noch einmal als eine expressive Bestätigung seiner damals politisch unkorrekten Diagnose erschien. Dem war ein Jahrzehnt zuvor ein ähnliches Ärgernis vorangegangen, indem der Autor in einem Essay in der *FAZ* die hinterwäldlerischen Motive der Friedensbewegung darstellte und aus Anlaß des Protestes gegen den englischen Falklandkrieg die Weltflucht dieses Milieus beschrieb. Deshalb ist das vorliegende Buch mit jenem Skandalon von 1982 eröffnet, quasi als Motto. Den Epilog bildet eine Reflexion über den deutschen Geschichtsverlust, die 1998 in der *NZZ* erschienen ist.

Wenn ich mich entschloß, die physiognomischen Analysen aus dem letzten Jahrzehnt des abgelaufenen Jahrhunderts fast unverändert in Buchform zu veröffentlichen, dann nicht bloß deshalb, weil sich Wahrnehmungen und Argumentationen in einem solchen Kontext deutlicher ausnehmen als in der ursprünglichen Fassung unregelmäßiger Einzelauftritte. Vielmehr will sich die Stichhaltigkeit des alten Kriteriums noch einmal an der neuen Wirklichkeit der veränderten Republik messen: entweder in dem Sinne, daß man über die hier festgehaltenen Spezifika des deutschen Provinzialismus eine stattgehabte Veränderung feststellen und benennen kann, oder aber, daß man über diese Spezifika merkt, inwiefern eine solche Veränderung noch nicht stattgefunden hat und man noch immer an den gleichen Defiziten in Stil und Bewußtsein leidet. Der Autor neigt zu letzterem, trotz des Wechsels der politischen Klasse nach Berlin und auch eingedenk der mentalen Klimaveränderung bei einigen ehemaligen Provinzvertretern.

Wie sollte es auch anders sein, wenn man die entscheidende Ursache der Provinzialität in den ausgeglichenen Klassenverhältnissen, der Dominanz einer mittleren Mittelklasse, erkennt, die Hierarchisierung, also Zulassung und Prämierung von Eminenz, noch immer nicht wirklich zulassen will. Ob die beschriebene Provinzialität sich wirklich endlich verliert, wird davon abhängen, ob innerhalb der »Berliner« Generation neue, nicht egalitäre Mentalitäten nachdrücklich frei werden und eine entsprechende Politik in Gesellschaft und Staat machen können, ob das mausgraue Mittelmaß in allen Bereichen endlich als eine historische Periode zurückgelassen werden kann. Dabei wird man rückblickend auch die vergangenen fünfzig Jahre der Republik neu bewerten. Man wird die siebziger und achtziger Jahre nicht mehr bloß als progressive feiern und die fünfziger Jahre nicht nur als konservative verdammen. Vielmehr wird man entdecken, daß die ersteren viel zur Entstehung des Provinzialismus beitrugen, indem sie unter dem Deckmantel des Pragmatismus eine Tendenz zur ideologischen Konformität und Phantasielosigkeit entwickelten, letztere entgegen dem weitverbreiteten Gerücht aber Motive experimenteller Erwartung und explosiver Spannung enthielten. Wie diese Veränderung der Perspektiven innerhalb der angedeuteten Konformität der breiten Mittelklasse ohne Stil und Extravaganzen möglich sein wird, bleibt das Enigma der zukünftigen Republik.

Herbst 1999 K. H. B.

Anstatt einer Einleitung: Falkland und die Deutschen

Reden wir nicht über die strategischen und politischen Einwände, die, kompetent oder nicht, in westdeutschen Amtsstuben heimlich, in westdeutschen Zeitungen und Magazinen offener an die englische Adresse gerichtet wurden. Reden wir über etwas Verborgeneres, das dabei plötzlich zutage tritt und Nachwirkungen haben wird, nicht zuletzt bei Freund und Feind, wie immer der Falklandkonflikt auch zu Ende geht. Reden wir davon, wie das öffentliche Westdeutschland, jedenfalls Teile seiner politischen Elite, offensichtlich durch die englische Reaktion, den Krieg nicht bloß anzudrohen, sondern damit Ernst zu machen, in mehrfacher Hinsicht überfordert wurde. Von Beginn an ist eigentlich nicht verstanden worden, daß auch dieser Krieg trotz der bekannten englischen Game-Stimmung und des notorischen englischen Zivilistentums seine sonore Symbolik haben kann: Instinkte der alten Großmacht, offenbar noch intakter als die ihres angelsächsischen mächtigen Verbündeten aus zwei Weltkriegen, parlamentarische Metaphern, die plötzlich verpflichtende Bedeutung herstellen, zum Beispiel die Bedeutung von »Prinzipien«, die nationale Identität als das große Über-Ich, ja sogar das mystische Element der Ehre – auf einen Begriff gebracht: Spiritualität.

Das alles ist nicht richtig verstanden worden. Vor allem nicht die symbolische Qualität in den Details: etwa daß man »seine« Inseln nicht besetzen läßt, vor allem nicht von einem Militärregime, auch wenn man bisher mit ihm Handel trieb. Im Unterschied zu den Vichy-Franzosen haben Engländer solches nie akzeptiert. Insofern hätte das kontinentale Europa auch heute noch alle Ursache, bevor es sich mokiert, genauer hinzuhören, wenn abermals in England von »Prinzipien« gesprochen wird. Denn die kontinentaleuropäische Unfähigkeit gerade gegenüber diesem Argument erinnert peinlich daran, daß man entweder selbst sich allzuoft mit den Verächtern der eigenen Grundsätze einließ oder selbst Opfer war. Henry Kissinger brachte es am Wochenende in einer Londoner Rede auf den Satz: »In der Falklandkrise erinnert Britannien uns alle daran, daß gewisse Grundprinzipien, solche wie Ehre, Gerechtigkeit und Patriotismus, gültig bleiben und durch mehr als bloße Worte erhalten werden müssen.«

Diese Noblesse aber ist einigen ersten westdeutschen Interpreten offenbar eine Obszönität, urteilt man nach wirkungsvollen Kommentatoren, wobei die Mischung aus journaillehafter Häme und vulgärer Begriffsstutzigkeit besonders repräsentativ scheint für den neudeutschen Stil, von dem wir hier reden. Nennen wir als einziges Beispiel für oberflächliche Information das durch repräsentative westdeutsche Blätter sich durchwindende Wort »Hurra-Patriotismus«, der angeblich die Briten überfallen habe (sozusagen ein Rückfall, den die Deutschen längst überwunden haben). Die Sache ist nur, daß die Schlagzeilengewitter der konservativen Londoner Massenpresse, die wiederum von englischen Augen anders aufgenommen werden als einst von den notorisch autoritätssüchtigen Deutschen, wirkungsvoll ausbalanciert ist von der schon aufreizend neutralen Berichterstattung der BBC (ihr ist im Parlament deshalb von Konservativen Vaterlandsverrat vorgeworfen worden) und daß vom liberalen *Guardian* bis zum sozialistischen *New Statesman* plus der Labour-Linken der Falklandkrieg skeptisch bis aggressiv behandelt wird. Entscheidender in diesem Vorfeld der Mißverständnisse bleibt: Offenbar ist der Begriff »Patriotismus« nach westdeutschem Sprachempfinden nur noch mit dem Präfix »Hurra« akzeptierbar, wobei das englische Wort »Jingoismus« damit ebensowenig vergleichbar ist wie britischer Nationalstolz mit dem

Analogon wilhelminischer oder gar nationalsozialistischer Weltgeltungsansprüche. Die Westdeutschen werden wieder lernen müssen, daß ihre eigene geschichtliche Katastrophe oder Desillusionierung in der Niederlage den Wert des »Patriotismus« keineswegs relativierte; oder sie laufen weiter einer politischen Lebenslüge nach.

Was jetzt in Westdeutschland zynisch direkt oder heimlich an manchen »nassen« Stellen zum Ausdruck kommt, ist nichts anderes als eine Variante der famosen »Lieber-rot-als-tot-Mentalität«, die längst schon Anlaß der Verachtung gerade auch linker westeuropäischer Intellektueller ist. Die Unterdrückung der polnischen »Solidarität« hat diese Mentalität bei den gleichen Kommentatoren zutage gefördert, die jetzt über die Engländer höhnen. Auch die rhetorische Frage »Sterben für die Falkländer?« gibt vor, fürs Sterben gebe es einen höheren Preis. In Wahrheit enthüllt sie aber, daß man für gar nichts, jedenfalls für kein Prinzip, zu sterben bereit ist. Wenn die Ehrlichkeit dies zugäbe, wäre man weiter und verstünde die psychischen Antriebe besser, weshalb westdeutsche Politdenker zur Zeit so überfordert sind, warum sie den Thukydides-Tonfall der *Times* nicht verstehen würden. Sie verstehen ihn nicht, weil sie von der Psychologie einer neuen Händlergesinnung, von der Argumentation des dritten (Aus-)Wegs und der Mentalität des neuen »Friedens« geprägt sind.

Zur Händlergesinnung: Bekanntlich gehört es zur Rhetorik der »Ideen von 1914«, an denen die ersten Köpfe der Nation wie Max Scheler und Thomas Mann teilhatten, zwischen dem metaphysischen, »heldischen« Deutschland und dem Händlertum des »Westens« zu unterscheiden. Diese heldische Erbschaft ist, da sie nur Ruin und Tod brachte, mit Erfolg ins Gegenteil verkehrt worden. Es gibt keine Nation auf Erden, nicht einmal die sprichwörtlichen Levantiner, die so ausschließlich von ökonomischen Argumenten beherrscht wären wie die Westdeutschen. Sie sind die neuen Phönizier, das heißt, sie erkaufen sich alles, selbst den russischen Frieden, so wie die karthagischen Kaufleute selbst nicht gegen die Römer kämpften, sondern Söldnerheere schickten.

Die westdeutsche Händlergesinnung enthält im Unterschied zu Karthago allerdings kein Staatsbewußtsein mehr, keine Staatssymbolik, sondern bloß das harmlose Bild föderativer, fettprangender Provinzen zwischen Karneval und Weinernten. Mit Metzgereien ausstaffiert wie mit Boutiquen und so übersättigt, verängstigt, eingekauft ist diese westdeutsche Händlernation, daß sie nur andere für sich kämpfen lassen könnte, oder es bräche eine Massenhysterie aus: die Staatskrise. Da sie das nicht offen zugeben kann, tabuisiert sie den Kampf überhaupt oder rationalisiert sie ihre Angst davor mit pragmatischer Vernunft, das heißt mit wirtschaftlichen Zwängen wie der Ertragslage der Schiffbauindustrie oder Erdgasgeschäften. Wie verräterisch! Alles geht, denn alles beweist das Ende aller Kriege im Zeichen der händlerischen Vernunft. Wenn diese Vernunft in den seriösen Medien so überdimensioniert widergespiegelt ist, dann liegt das auch an der Psyche eines Berufsstandes: Journalisten, liberal, wie sie mehrheitlich sind, haben die händlerische Vernunft mit Löffeln gegessen. Opportunistisch und voyeuristisch, verstehen sie nicht die Symbole des Ernstfalls. Letztlich Unbeteiligte, verwandeln sie den Ernstfall immer in einen Verhandlungsfall und diesen dann in einen moralisch-modernen Vorwurf gegen solche, die den Ernstfall begriffen und akzeptiert haben, zum Beispiel die *Times*, die das Prinzip gegen die Leere von bloßen Kompromissen verteidigt.

Zur Psychologie des dritten (Aus-)Wegs: Die hatte ihre lange, gewissermaßen berühmte Hegelsche Tradition, das heißt, einfach ausgedrückt: unterhalb der scharfsinnigen Begriffsdialektik des großen Denkens beginnt im gewöhnlichen westdeutschen Denkseminar und Jargonbetrieb jenes die Gegensätze verwischende Gespräch, genauer ausdrückt: das Gelabere. Sein verräterisches Wort heißt: »Vermittlung«. Dadurch ist die schwierige intellektuelle und politische Opposition, ist der Konflikt geistig aufgehoben, alles ist auf dem Wege, sozusagen im Prozeß, und wenn das nicht hilft, dann hilft immer der furchterregende, weil tabuschüttelnde Hinweis auf das durch Carl Schmitt ein für allemal angeblich desavouierte »Freund-Feind-Denken«. Dieses Denken ohne Feind, ohne elementares Konsequenzbewußtsein, enthüllte sich in der Falkland-Krise, als die ersten Schiffe sanken. Plötzlich war die Psyche des Auswegs »betroffen«, um es mit einem Modewort zu sagen. Es war nicht die Trauer oder die Wut der betroffenen Engländer, sondern etwas anderes. Die kollektive westdeutsche Psyche muß sich fragen lassen: Wieso gab sie ihr Plazet, als die Kriegsschiffe ausliefen, und begann zu jammern, als es ernst wurde? Weil ihr Ja weder ein »Ja« noch ein »Nein«, sondern etwas Undenkbares dazwischen war? Weil sie nicht weiß, daß Kriegsschiffe schießen, oder weil ihr erstes Ja schon wertlos war?

Ein typisches Symptom dieser dritten Ausweg-Lüge: als ob Verhandlungen etwas anderes erbrächten als Vorteile für die Friedensbrecher! Man könnte an die Parabel vom ertappten französischen Liebhaber, der kämpft, und vom deutschen, der durch die Tapetentür verschwindet, erinnern, um den amüsierten Hohn auf die moralischen Konsequenzen der angewandten Dialektik zu erläutern. Die Psychologie des dritten (Aus-)Wegs ist ein leeres Ethos ohne letzte Causa, ohne Brinkmanship; diese kann nur am Abgrund verhandeln, weil der Gegner weiß, daß der andere wirklich am Abgrund zu stehen bereit ist. Nur deshalb ist der Mann am Abgrund nicht erpreßbar. Wenn englische Finanzhaie sich verächtlich ihrer Erfolge am westdeutschen Grundstücksmarkt brüsten, dann besonders deshalb, weil ihre westdeutschen Partner angeblich nichts von dieser Brinkmanship verstehen, nie wirklich nein sagen können, das heißt unendlich und beliebig erpreßbar sind. Mit anderen Worten: selbst britische Gerissenheit schmeichelt sich im Vergleich mit westdeutschen seriösen Geschäftsleuten noch mit einem Anflug von Gentleman-Ethos.

Zur Friedensmentalität: Die Crux von dem allen – um es nur deutlich genug zu sagen – ist jene Friedensmentalität, die vom trügerischen Unwort »Friedenspolitik« und Slogans wie »Den Frieden sicherer machen« vorbereitet wurde und inzwischen auf das westdeutsche preisgekrönte Eurovisionslied »Ein bißchen Frieden« herunterkam. Die hübsche Sängerin meinte hastig, um politischem Verdacht zu entgehen, das Lied sei ganz privat gemeint. Als genauso entpuppt sich aber die allerneueste Friedensmentalität. Die traumatische Erinnerung an unsere verlorenen Kriege und die Vorwegnahme eines potentiellen tödlichen Zukunftskrieges sollte eigentlich alles erklären. Warum nicht aus diesem Trauma eine Strategie zum Nutzen aller machen? Das Trostlose daran ist nur, daß dieses edle Unterfangen auf der Ebene der neuen Friedensmentalität nur winselnde Harmlosigkeit entläßt: »Laßt uns in Frieden!« Als ob es das gäbe. Als ob es geben könnte: Machtverzicht und politische Raumleere! Solche Entpolitisierung des Denkens – sie ist nichts anderes als der Friede um jeden Preis, der Friede wieder infantil Gewordener unter der Fuchtel ihres Imperators. Und es kommt nicht von ungefähr.

Die winselnde Harmlosigkeit – wo wäre sie psychoanalytisch sprechender, repräsentativer dargestellt als in den Symbolfiguren des Zweiten Deutschen Fernsehens, jenen unsäglichen Kreaturen, die als Mainzelmännchen das Nachkriegs-Gartenzwerg-Bewußtsein einhechelten. Es hechelt seit einer Epoche: »Ich bin klein, mein Herz ist rein, soll niemand drin wohnen als Mutti (Vati, Omi, Waldi) allein.« Dem Gegner die Kehle hinhalten, ganz unschuldig, die brüllende Unbedarftheit, die zerstörte Emotion, das politisch Häßliche schlechthin – das ist es, was den Fernsehdeutschen auf der untersten Ebene den verlogenen Pazifismus eindudelte. Die höhere Ebene, das ist die Friedenssoziologie. Das ist das ewige Gespräch, Freizeitmentalität, kein »Ernstfall« (auch nicht in der Liebe und in der Kunst). Man möchte die Erfinder von alldem noch erhabene Aufklärer nennen. Die Folgen bei Universitäten, Pen-Club, bei Sozialhelfern, im intellektuellen Milieu schließlich sind so banal wie nachwirkend verheerend. Symptomatische Beispiele: die betulichen Rezensionen des britischen Films *Chariots of Fire* oder die beflissenen Friedensbemühungen des westdeutschen Schriftsteller-Verbandes.

Als während der Skagerrak-Schlacht im Ersten Weltkrieg die Deutschen mit besserer Feuergenauigkeit gleich zu Beginn drei der strategisch überlegenen, aber schlecht gepanzerten englischen Schlachtschiffe vernichtend trafen, war die überlieferte lakonische Reaktion des englischen Admirals: »Something must be wrong with our bloody ships.« Die derzeitige englische Reaktion nach dem Raketentreffer auf den englischen Zerstörer hatte am Ende noch immer etwas von dieser Lakonie. Dazu gehört, im grellen Kontrast zur angedeuteten Friedenssoziologie, das Bewußtsein, wie unberechenbar trotz ebendiesen genauen Berechnungen Beginn, Ablauf und Ende eines Zukunftskriegs sein kann. Stoizismus plus ein bißchen Hobbes. Die Falklandkrise hat diesen Effekt wider die Hochrechnungen schon gehabt. Und somit war die Ausfahrt der englischen Flotte doch mehr als Don Quichottes letzter Ritt im Zeichen eines noblen, aber untergegangenen Prinzips. Es bewies sich, daß nicht bloße Schlauheit und Unterwerfung unter das angeblich furchtbar Absehbare, sondern Noblesse und Prinzipien es sind, die politische Völker von unpolitischen noch immer unterscheiden. Und weil das so ist, klang auch die alte Melodie »Scotland the Brave«, als die zum Truppentransporter umgewandelte Queen Elizabeth II. mit der schottischen und walisischen Garde an Bord langsam aufs offene Meer hinausfuhr, noch immer so emotionell. Es war weder hurrapatriotisch noch anachronistisch. Es war ein Stück europäischer Zivilisation. Nur die Mainzelmännchen kichern darüber.

Provinzialismus: ein struktureller Befund

Zur Einführung eine Szene aus dem Hochschulmilieu: Eine Universität hat Anlaß, ihren namhaftesten Historiker besonders zu ehren. Der Inhaber des Wissenschaftsministeriums überbringt die Grußworte der Landesregierung. Offenbar hat der zuständige, die Ansprache vorbereitende Staatssekretär sich nicht zu informieren gewußt über die besondere methodische und inhaltliche Bewandtnis des wissenschaftlichen Werks des zu Ehrenden. Denn anstatt eben diese eigentlich unübersehbare, in der historischen Fakultät dieser Universität singuläre geistige Beschaffenheit kurz zu charakterisieren, verfällt der Inhaber des Ministeriums in nichtssagende genormte Sätze, um am Ende den zu Ehrenden der dominierenden Forschungstendenz dieser Fakultät zuzuschlagen, die viel mit der wissenschaftspolitischen Sympathie jener Landesregierung zu tun haben mag, gar nichts jedoch mit dem wissenschaftlich-intellektuellen Habitus und Interesse desjenigen, dem diese Sätze gelten sollen. Resignierte Belustigung oder leicht abflachende Empörung bei den Eingeweihten der Zuhörer. Der Skandal bleibt aus.

Wie ist eine solche Ahnungslosigkeit beim Wissenschaftsministerium eines Landes möglich? Wie kann dergleichen ohne Eklat über die Festbühne gehen? Der etwas bildungsgeschichtlich Informierte denkt zurück an die Zeiten, als ein preußischer Kultusminister namens Becker für derlei zuständig war. An ihm gemessen blieben nicht nur die an diesem Jubiläumstag verschwendeten Worte peinlich haften, sondern es wurde schmerzlich überdeutlich, daß es in allen bundesdeutschen Ländern, fast ohne Ausnahme, Inhaber des

Wissenschaftsministeriums gab und gibt, die ihre Karriere vordergründiger Förderung verdanken, ohne jede geistige Begabung oder gar Leistung als Leitinstanz für ihr Amt zur Verfügung zu haben. Wir ersparen uns, die Namen und Potenzen gegeneinander abzuwägen. Unter dem Strich käme überall, ob SPD- oder CDU-regiert, das gleiche klägliche Ergebnis heraus.

Der politologisch Beschlagene belehrt einen nun, inwiefern Wissenschaftsministerien heute nach rein opportunen Gesichtspunkten politischer Verwaltung und Proporzinteresse vergeben werden, zumal es inzwischen da mehr um Geld denn um Geist gehe. Dennoch ist der Argwohn nicht einzudämmen, daß die intellektuellen *shortcomings* der für Wissenschaft und Kultur zuständigen Minister der Landesregierung etwas zu tun haben könnten eben mit dem Tatbestand, daß es sich um bloß regionale Zuständigkeiten handelt, die gewiß sein können, daß ihnen kein höheres kulturelles Gewissen zusieht: In Westdeutschland endet jede Perspektive in der jeweiligen Provinzhauptstadt.

Im Unterschied zu den Zeiten eines preußischen Kultusministers Becker existiert nirgends die höhere Zentrierung eines Bildungs- und Kulturbewußtseins, an dem die Provinz sich ausrichten, ihre unübersehbaren, ganz verständlichen und notwendigen Defekte korrigieren könnte. Schlimmer: Man weiß inzwischen nicht mehr, daß man Provinz ist. Solange der Ministerpräsident eines Landes einer ihm mutlos zuhörenden Runde von Geisteswissenschaftlern erklären kann, Bücher über Bücher zu schreiben sei nach seiner Ansicht keine zu unterstützende Wissenschaft, solange wird die institutionelle Provinzialisierung der geistigen Landschaft fortschreiten. Provinziell daran ist ein Doppeltes: die Gewißheit, mit solch bornierter Selbstenthüllung – undenkbar in den Hauptstädten der europäischen Länder – ungestraft davonzukommen; und ihre Ursache: eine mangels geistigurbaner Perspektive weit fortgeschrittene kleinbürgerliche Verspießerung solcher Amtsträger, die sich besonders in der Begeisterung für technisches Know-how äußert.

Nicht nur im Bildungsbereich halten sich provinziale Provinzfürsten und ihre Diener für das Salz der Erde. Politik wird immer mehr verstanden als Landespolitik im Sinne einer kleinkarierten Souveränität, die ihre Beschränktheit nicht weiß, sondern sich mächtig aufbläst wie der König des Duodezfürstentums in Georg Büchners *Leonce und Lena*. Irgendwann in den siebziger Jahren geschah es, daß die an sich ja nicht nachteilige föderative Struktur der Republik eine neue Tendenz zur gänzlichen Partialisierung von Regionalinteressen entwickelte. Wer zu diesem Zeitpunkt die Bundesrepublik von außen betrachtete, konnte vor allem den Trend zum hedonistischen Lokalpatriotismus feststellen, den es vorher so nicht gegeben hatte. Nunmehr statteten sich die Regionen, zumal die Landesmetropolen, mit einem neuen Look zwischen aufgehübschter Fußgängerzone, rekonstruierten Altstädten und zum Schlaraffenland umfunktionierten Bahnhöfen aus, so daß den Provinzbewohnern jenes für die Provinz notwendige Fernweh, irgendwo anders sei es irgendwie feiner, reicher, moderner, wichtiger, langsam abhanden kam. Düsseldorf und München sind hierfür die vielleicht sprechendsten Beispiele. Der Irrtum war, die aufgeblähte Provinz für das Urbane, ja die neue Metropole zu halten. Indem in Westdeutschland fünf, sechs, sieben »Metropolen« entstanden, eine reicher als die andere, wurde in Wirklichkeit alles zur Provinz. Aus jenen Jahren erinnere ich die Szene, daß ein eher wertkonservativer Zeitungsverleger mit einem gewissen Stolz sagte, seine Kinder hätten keine überregionale Orientierung, sondern entwickelten ein spezifisches Landes- und Stadtbewußtsein. Das war damals als Entdeckung einer interessanten neuen Entwicklung gemeint. Fünfzehn Jahre später spricht ein Träger des Wissenschaftsministeriums selbstverständlich über die eigenen Landesuniversitäten im Sinne einer Souveränität, der gegenüber die anderen Universitäten der Republik wie ausländische Institutionen erscheinen. Und die westdeutschen Landesregierungen sind klammheimlich dazu übergegangen, sich in den europäischen Hauptstädten eigene Vertretungen zu halten, und Botschafen wären ihnen noch lieber.

Diese Verschiebung eines Zentrums oder eines Allgemeinheitsbewußtseins zugunsten des Separaten ist in einem politischen Datum von großer Symbolkraft abzulesen: 1982, der Wahl von Helmut Kohl zum westdeutschen Bundeskanzler. Die Kanzler Adenauer, Erhard, Kiesinger, Brandt und Schmidt und deren jeweilige Konkurrenten im Wahlkampf (Schumacher, Ollenhauer und Strauß) hatten alle nicht bloß zeitweilige abgesicherte, sondern imponierende, der überregionalen Öffentlichkeit bekannt gewordene Karrieren als Bundestagsabgeordnete, Fraktionsvorsitzende, Parlamentsredner und Bundesminister hinter sich. Brandt, die einzige Ausnahme von dieser Regel, war als Regierender Bürgermeister von Berlin diesen Bonner Karrieren an politischer Erfahrung und Prestige gleichzustellen.

Mit dem erfolgreichen Erscheinen Kohls auf dem Bonner Kanzlerterrain hatte sich demgegenüber etwas Grundsätzliches verändert. Gewiß, Kohls Karriere zur Kanzlerschaft enthielt auch den Abschied vom rheinland-pfälzischen Ministerpräsidentenamt und die Übernahme der Bonner CDU-Führung in der Nachfolge des agilen und rhetorisch begabten Barzel. Aber diese Jahre traten bei Kohl nicht als die seine politische Identität schaffenden hervor. Im Schatten des übermächtigen hanseatischen Kanzlers Schmidt sah man in Kohl, den man bis Mitte der siebziger Jahre noch als heimliche liberal-intellektuelle Trumpfkarte der CDU gehandelt hatte, plötzlich den, der er eigentlich war: ein in Heidelberg in Geschichtswissenschaft mäßig promovierter Landespolitiker, der sich im engen Netz parteipolitischer provinzialer Beziehungen, Abhängigkeiten und Loyalitäten eine unanfechtbare Stellung als Kandidat der Partei für das höchste Amt geschaffen hatte. Kaum war der Mann aus Oggersheim, wie erstmalig ein Kanzler spöttisch nach seiner regionalen Herkunft genannt wurde, soweit, wurden auch die provinzialen Charakteristika deutlicher als je zuvor, bis hin zu den ihn um ein Haar alles politische Prestige kostenden Entgleisungen gegenüber Gorbatschow, in Bitburg und Israel. Kohls sofort als politische Schwäche zutage tretende Provinzialität – nicht bloß im Sinne eines plötzlichen Stilverlusts im Kanzleramt, wie man das nunmehr herunterspielt als nur den »Ästheten« interessierendes Defizit, sondern als Defizit politischer Moral – hier noch einmal auszustellen ist überflüssig, obwohl einem neuen Feeling zu widersprechen wäre, das den Giganten vom Kaukasus entdeckt hat, eine Sichtweise, die vergessen machen will, wie zufällig, bei allem politischen Verdienst doch ohne innovatorische Leistung, das alles zustande kam. Aber dies kann hier nicht mehr die Pointe sein, sondern diese entsteht gerade umgekehrt, wenn man seinen Gegenspieler von gestern ins Auge faßt: den provinzialen hedonistischen Westdeutschen par excellence, den Ministerpräsidenten des Saarlandes. Denn wie Kohl vorher trat nun abermals ein neuer Bewerber ums Kanzleramt auf den Plan, bei dem die Provinz nicht nur eine spezifische politische Perspektive bedingt, sondern – das ist ein weiterer Schritt – eine regelrechte Ideologie entwickelt hat. Und diese Erscheinung hat als politisches Novum offenbar Methode, denn der bislang renommierteste CDU-Landesfürt, der Ministerpräsident Baden-Württembergs, war bis zur innen- und außenpolitischen Wende des Herbstes 1989 der einzige ernsthafte Konkurrent Kohls innerhalb seiner Partei: Kein Bundespolitiker war da, um den Ministerpräsidenten auf seinen Platz zu verweisen. Daß es sich um eine Provinzgröße handelt, wurde erst deutlich beim verunglückten Putsch gegen den im Sommer 1989 eigentlich abgewirtschafteten Kanzler. Späth ist nur das herausragende Argument dafür, daß der Fall Lafontaine ein Paradigma für die mit Kohl einsetzende Änderung der politischen Struktur darstellt. Andere ließen sich hinzufügen: Unter den potentiellen zukünftigen SPD-Bewerbern um höchste Ämter gibt es charakteristischerweise keinen herausragenden Parlamentarier, sondern die Enkel Brandts sind Ministerpräsidenten, die das regionale Milieu im Kontext des Antimetropolenressentiments der mit ihnen verbündeten Grünen kultivieren.

Franz Josef Strauß, dem man nachsagen konnte, daß er den provinzialen Widerstand gegen die Bonner Zentrale erfunden und zeitlebens betrieben, daß er die bayerische eigenstaatliche Tradition zu einer Bastion des Widerstands ausgebaut hat, war im Unterschied zu den genannten Provinzgrößen von Anfang an gleichzeitig eine Figur der Zentrale. Selbst der trotzige bayerische Ministerpräsident Strauß hat Provinz und Politik nie verwechselt. Der Unterschied zwischen ihm und seinem Nachfolger liegt genau in diesem stets wachen, alles Provinziale hinter sich lassenden politischen Bewußtein. Insofern war Strauß' Wirkung auch, die Grenzen der politischen Provinz deutlich zu markieren – ein Effekt, der nach seinem Tode nicht mehr wirkt. Sein Nachfolger: die reine regionale bayerische Größe mit der für sie charakteristischen Neigung zu einer notorischen Überschätzung des opulenten Potentials, was Streibl mit den namhaftesten Amtskollegen verband. Daß diese an politischem Einfluß und Publikumswirksamkeit parlamentarische Größen – seien es die jeweiligen Fraktionsführer, seien es die jeweiligen Parteisekretäre – inzwischen in den Schatten stellen, ist alles andere als selbstverständlich; ein neuer, vor einem Jahrzehnt begonnener, vor Jahr und Tag abgeschlossener Prozeß ist damit zu Ende gekommen. Kein Vergleich mit der Zeit, als Parlamentslöwen wie Wehner und Schmidt, Kiesinger und Barzel, zu schweigen von Carlo Schmid und Dehler, die politische Phantasie des Wählers beherrschten, obwohl sie von sonoren Ämtern noch weit entfernt waren. Insofern ist der Aufstieg der politischen Provinz auch ein Symptom für einen gewissen Verfall des westdeutschen Parlamentarismus, ja des Politischen überhaupt, ein Phänomen, dessen strukturelle politische und soziologische Ursachen noch wenig untersucht sind.

Der ursprüngliche Provinzialismus des amtierenden Kanzlers hat das gefährliche Erstarken dieser partikularen Kräfte begünstigt. Kohl, im Unterschied zu seinen Vorgängern, ist von Erscheinung und ursprünglichem Instinkt auch im Amt des Kanzlers bis zum Jahre 1989 ein Provinzfürst geblieben, der seinen Kollegen von einst zu lange nicht die Aura des Staates entgegenhalten konnte, um diesen vor dem Wuchern des Regionalen zu schützen. Daß dies sogar von der neuen SPD – und nicht nur aus wahltaktischen, sondern aus ideologischen Gründen – als verfassungshistorischer Gewinn eher belobigt denn getadelt wird, ist deutlich erkennbar, vor allem seitdem sie Kohls durch die geschichtlichen Ereignisse erzwungene härtere Gangart bei der staatlichen Vereinigung als »Privatpolitik« zu diffamieren versuchte, obwohl Kohl endlich nur tat, was des Kanzlers Sache ist.

Hier soll die provinzielle Konstellation angedeutet werden, die eine pittoreske Erscheinung wie Oskar Lafontaine trotz der abzusehenden Wahlniederlage so politisch relevant machte. Lafontaine versuchte, sich gerade auf dem Image-Glacé durch weitläufige Modernität von dem biederen, dem pfälzischen Saumagen zugetanen Kanzler zu unterscheiden. Aber genauer Beobachtung kann es nicht verborgen bleiben: Dieser Besucher südeuropäischer Regionen und Liebhaber französischer Rotweine stellt genau jenen umtriebig informierten westdeutschen Touristentypus dar, bei dem die Koketterie mit genannten feinen Unterschiedsmerkmalen, mit denen sich sein Hedonismus kennerisch schmückt, bloß eine tiefe Ignoranz gegenüber den fremden Ländern verdeckt. Wäre es anders, dann würde der Ausdruck solcher Kennerschaft nicht so laut ausfallen, dann würde man wissen, daß sich die namhaften Vertreter dieser schönen Länder eine solch vollmundige Inanspruchnahme, eine solch blauäugige Behauptung von europäischer Gemeinsamkeit verbitten würden. Das zu verkennen ist eben das spezifisch Provinzielle: Der neue, »weltläufig« gewordene Provinzler verwechselt sein anbiederndes mit urbanem Verhalten, mit einer Mentalität, der er allenfalls bei von Metropolen geprägten bürgerlichen Schichten begegnen könnte. Was bei Lafontaine besonders durchschlägt, ist auch bei seinen Kollegen und politischen Freunden in anderen Ministerpräsidentensitzen zu erkennen: die saubere neue Welt technokratischer Innovation zwischen Meer und Heide, ohne den Ballast bürgerlicher Vergangenheit und Kultur. Diese Provinzialität aufgeräumter, blitzblanker Innenstädte und lukullisch-appetitlicher Angebote, denen jeder Anflug von Geschichtlichkeit ausgetrieben wurde, enthält ein besonderes, manchmal hysterisch wirkendes Gefahrenverbot: Alles soll gesund, übersichtlich, geregelt sein, buchstäblich die staatlich verordnete Idylle jenseits der großen Politik. Politik ist geschrumpft zur Ökologie und technisch-wirtschaftlicher Hygienik, kein Gedanke an politisch-strategische Verantwortlichkeiten jenseits der bundesrepublikanischen Grenzen. Hier beginnt die Tabuzone dessen, der die Welt zur Provinz erklärt hat.

Lafontaine hat diese äußerste Konsequenz des grünen, antiurbanen Provinzialismus zum Kernstück seiner sozialen Utopie gemacht. Wie politisch defizitär diese Saarbrücker Weltsicht ist, war immer schon deutlich genug. Aber erst die plötzlich aufgekommene Aussicht auf die deutsche Frage, die hereinbrechende Problematik eines neuen deutschen Nationalstaates, brachte es an den Tag: Der westdeutsche Provinzialismus, inkarniert in einer politischen Lieblingsgestalt der jüngeren linken Generation, die keinerlei persönliche Erinnerung mehr besitzt an die »Stunde Null« und deren nationales geschichtliches Bewußtsein kaum vorhanden ist, war und ist nicht imstande, die neue eminent politische Sitution auch nur annähernd verbal und praktisch zu beantworten. Es ist charakteristisch, daß sich Lafontaine beeilte zu versichern, daß die neue Republik bald aufgehen müsse in einem größeren Verband Europa – der Versuch, die eigentlich politische Konstellation zugunsten eines utopischen Miteinanders zu leugnen. Er hat nicht den doch realpolitischen Gedanken daran verschwendet, daß kein ernstzunehmender westeuropäischer Politiker oder gar Intellektueller solchen Integrationsprozeß wirklich befürwortet. Seine realitätsfremde Sichtweise teilt er nicht nur mit der Mehrheit seiner politischen Gefährten, sondern auch mit dem apolitischen Hedonismus generell, der nicht nur Friseusen, sondern auch Kulturdezernentinnen lieber nach Mailand denn nach Leipzig fahren läßt.

Was ist gegen eine solch notorisch ausländische Blickrichtung einzuwenden? An sich ist sie nur zu begünstigen. Solange hier nämlich eine bewußt historisch und politisch reflektierte Priorität liegt, in der die spezifische Kenntnis des favorisierten fremden Landes und seiner Gesellschaft *als Fremde* eingeschlossen ist, solange handelt es sich um eine persönlich höchst achtbare Wahl und Lebensentscheidung, die eine Reihe deutscher Nachkriegsintellektueller (ganz zu schweigen von politischen Emigranten) immer wieder die fremde Metropole der eigenen Heimat vorziehen ließ. Der Europrovinzialismus à la Lafontaine hat mit derlei nichts zu tun. Er ist das Gegenteil davon: das Ausscheren aus dem spezifisch Politischen zugunsten einer undeutlich verwaschenen Sphäre zwischen Baguette und Mittelmeerbad. Das provinzielle Politikverständnis sucht nach jenem Geisteszustand, den eine alte Redensart auch als »Ferien vom Ich« umschreibt, die politisch gewendet erst richtig aufschlußreich sein wird: Solche politischen Ferien vom Ich würden dann bedeuten: eine Flucht vor der Einsicht, daß noch immer und trotz Gorbatschow Probleme entstehen, die mit ökologisch-ökonomischen Antworten nicht lösbar sind. Eine Flucht aus der Weltpolitik in den Märchenwald, wo uns keiner mehr findet, außer der guten Fee, die meldet, daß der Weltfriede ausgebrochen ist. In diesem Lichte erscheinen sogar die westdeutschen sommerlichen Ferien gar nicht mehr so harmlos, denn die Millionen, die sich mit solcher Wucht und unter Ertragung größter Strapazen alljährlich in diese europäischen Ferien stürzen wie kein anderes Volk in der Welt, scheinen ebenfalls auf einer Flucht zu sein. Wovor? Jedenfalls vor einer komplizierten Welt in eine weniger komplizierte, ein Schlaraffenlanddasein.

Lafontaine ist so etwas wie der Seelsorger dieser ewig Ferienbedürftigen, und er wird es auch bleiben trotz seiner Wahlniederlage. Der politische Eskapismus, den er repräsentiert, ist das Projekt des Schlaraffenlands und des einfachen Lebens. Nicht das *bonne vie* der älteren Franzosen, weil hierin schon zuviel an zivilisiertem Bewußtsein des metropolenbewußten Menschen steckt. Insofern hat seine persönliche Beliebtheit nichts Überraschendes, denn sie erklärt sich nicht einfach aus relativer Jugend und dem Panasch seiner Auftritte, sondern aus seiner tiefen Entsprechung gegenüber dem kollektiv verbreiteten Bedürfnis nach den ewigen Ferien im Grünen. In dieser Perspektive erscheint Kohl, der Mann der Einigung, als Gegentypus. Seine Provinzialität enthält ganz im Unterschied zu seinen harten Vorgängern auch ein mütterliches Versprechen auf das Wohlige in der Wohnküche. Aber sie ist defensiver, bleibt verdeckt für die privaten Stunden, während für die Öffentlichkeit doch die Schürze abgetan und der väterliche schwarze Anzug herausgeholt wird und die Staatsmannsrhetorik, wie ungeschickt auch immer. Kohl hat seine Provinzialität zwar gelebt, Nippes und

Aquarium in seiner Staatsästhetik verewigt, aber nicht versucht, sie offiziell zum Stil einer neuen Politik zu machen wie sein Gegenüber.

Zum Fokus der fortgeschrittenen Provinzialisierung, des ängstlichen Vermeidens des Zuwachses an politischem Einfluß, ist die Debatte um die zukünftige Hauptstadt geworden. Ausgerechnet angesichts der einmaligen historisch günstigen Situation, die fortgeschrittene politische und geistige Partialisierung Westdeutschlands umzukehren, die einzige wirklich neue Möglichkeit, die die zusammengebrochene DDR dem westdeutschen Staat mitbringt, hat eben diese Partialisierung sich triumphierend selbst erkannt und laut dröhnend auf den Begriff gebracht. Es hat wenig Nachdenkenswertes gegen Berlin zu lesen gegeben. Die besten Plädoyers waren jene für die alte preußische und deutsche Hauptstadt, nicht zuletzt die in der Tat waghalsige, weil allen Westdeutschen à la Lafontaine abholde Berlin-Rede Richard von Weizsäckers. Das war schon im Ton so abgehoben von der hedonistischen Provinz, daß man den Eindruck bekam, der Bundespräsident sei im nachhinein selbst erschrocken darüber, daß er in einer hochgemuten Stunde sein den Provinzialdeutschen so absolut überforderndes geistiges Temperament sprechen ließ. Was für Berlin zu sagen wäre, ist schließlich von Christian Meier besonders überzeugend, weil nüchtern, dargelegt worden. Für unsere Thematik ist es wichtiger, daß außer dem Berliner Bürgermeister sämtliche Ministerpräsidenten der westdeutschen Länder und einige Oberbürgermeister sich von rechts bis links in ihrer Ablehnung von Berlin als zukünftigem Regierungssitz einig sind.

Ich habe mir nicht die Mühe gemacht, die einschlägigen Erklärungen der Raus, Wallmanns und Streibls noch einmal nachzulesen. Was in Erinnerung haften bleibt, ist nicht Weisheit welterfahrener, Berlin-skeptischer Leute, sondern ein politisch-kulturelles Niveau von Provinzfürsten, in denen die

Mentalität der sich überschätzenden deutschen Kleinstaaten wiederauferstanden ist. Erinnert sei nur an Streibls Warnung vor der Hauptstadtvariante namens Kreuzberg. Das war die reaktionäre, sich sauber haltende Angst vor metropolitaner Dynamik. Harmloser, aber nicht weniger häßlich als Gesicht der Provinz sind die heimlichen Rücksichten ums Eigenheim mit Jägerzaun am Rhein, Main, Neckar und Donau, die Bundestagsabgeordnete, Berlins letzte Hoffnung, gegen jene als Regierungsmetropole mag stimmen lassen. Die Berlin-Furcht entblößt die psychische Bewandtnis des Glücks einer Gesellschaft, die nunmehr politisch und geistig weit überfordert ist. Ihre von vielen Seiten belobigte Bescheidenheit ist falsch, wie ein englischer Beobachter in der *Zeit* entlarvend über den Versuch schrieb, mächtig ohne Konsequenz sein zu wollen: »Nichts ist frivoler als ein zu klein geratenes Feigenblatt.« Berlin ist nur das negative Codewort für die Aussicht, daß in nicht allzu ferner Zukunft von deutscher Politik etwas mehr verlangt wird als das, was sich Lafontaine so vorstellt und was Kohl wahrscheinlich kann – dessen alte Limitierungen in der schwierigen politischen und intellektuellen Konstellation bald wieder zum Vorschein kommen werden. Auch ohne Lafontaine hat die Provinz ihren Kanzler gefunden.

Wenn es nicht zu Berlin als Haupt- und Regierungsstadt kommt, dann ist absehbar, wie die neuen ostdeutschen Provinzen trotz der zu erwartenden allmählichen wirtschaftlichen Gesundung, ihres wenn nicht geliebten, so doch wirksamen Magnetbergs beraubt und weit entfernt vom politischen Zentrum, vor sich hin dämmern. Auch die Düsseldorfer oder Münchner Provinzialisierung wird dort fortschreiten, aber mit dem unheimlichen Nachgeruch, daß die SED-Provinz weiterhin, zumal in Ost-Berlin, Mecklenburg und Brandenburg, ihr Schäfchen ins trockene bringt und auf Jahre die Luft verpestet. Herr Diestel hat mit Unterstützung der westdeutschen Konservativen dafür schon alles vorbereitet. Fehlentwicklungen solcher Art können nachdrücklich nur von einer in Berlin sitzenden Regierungsautorität und ihrer Ausstrahlung auf die ostdeutschen neuen Länder verhindert werden. Das naive oder verlogene Leugnen, daß der ehemalige SED-Staat eine kulturpolitische Aufgabe der neuen deutschen Politik ist – durchaus vergleichbar mit der ehemaligen Verantwortung der Alliierten für das geschlagene Nazi-Deutschland –, gehört in den Kontext des politischen Provinzialisierens. Selbst wenn Berlin als Regierungsstadt – nehmen wir den Münchner Tagtraum einmal ernst – das Ausscheren der Bayern aus dem Bundesverband bedeuten sollte, dann wäre das Votum für Berlin im Sinne des Gesamtwohls die bessere Lösung. Man wünschte sich fast, daß der ruchbar gewordene Scherz des bayerischen Separatismus wirklich jene letzte Konsequenz erführe und das schöne Land zwischen Berg und Wald zur dritten Alpenrepublik geriete.

P. S.: Die Abkehr vom Politischen schlägt sich inzwischen, wenn auch unschuldig, dort in einer verräterischen Semantik nieder, wo Verdacht sich eigentlich nicht einstellen sollte: beim weltläufigsten unserer Politiker. Wenn der westdeutsche Außenminister vor der UNO-Vollversammlung in feierlicher Form erklärt, vom deutschen Boden werde künftig »nur Frieden ausgehen«, dann ist dies gewiß nur als Verstärkung der Brandtschen Formel gedacht, von deutschem Boden dürfe nie wieder Krieg ausgehen; eine notwendige Beruhigung im internationalen formalen Sprachverkehr. Dennoch drückt sich in dieser Floskel unterschwellig eine Stilisierung von politischer Realität ins Wolkige aus, der sogar das eigentlich gerade zu vermeidende Anmaßende unterläuft, das bei der lakonisch-politischen Mentalität unserer nächsten westeuropäischen Nachbarn, ganz zu schweigen von den Amerikanern, ein Gemisch von Beunruhigung bis intellektueller Übelkeit verursacht. Denn wenn deutsche Soldaten im Falle eines zukünftigen außenpolitischen Konflikts nicht mehr, wie jetzt bei der Golfkrise, aus der Gefahrenzone herausgehalten werden können, dann klingt die Formel vom Land, von dem nur »Frieden ausgehen« werde, hohl, und ein ideologisch-phraseologischer Kern kommt zum Vorschein. Und der Anspruch, der in solch pompöser Rhetorik aufkommt, war bisher nur der religiösen zugestanden. Keine säkulare Größe sollte in solcher Sprache sprechen. Auch Genschers eigentlich sympathische Bekräftigung, die Politik Deutschlands werde »eine Politik des guten Beispiels« sein, verfällt im Kontext der selbstbezogenen Friedensformel einer irrealen Sprache. Wenn für solche sprachlichen Manipulationen des politisch Wahrscheinlichen und des Realen die Sensibilität aufhört, dann hat auch das etwas zu tun mit dem provinziellen Fluchttraum.

Psychogramm politischer Mentalitäten

Der Rundbrief des Dekans sprach die unschuldige Sprache der Betroffenheit. Sie troff davon. Er forderte mich auf, meinerseits der allgemeinen »Betroffenheit« und »Angst« in der Vorlesung Rechnung zu tragen. Der Brief verstand das als einen Akt der »Zivilcourage«. Die Halle der Universität war verhängt mit pazifistischen oder antiamerikanischen Slogans, so wie sie auch aus den Mündern der studentischen Redner kamen, die ihre »Streik«-Rhetorik nur unterbrachen, um sich Gedanken über die Herkunft des Mittagessens zu machen, das an diesem Tag des Golfkriegs offenbar nicht gesichert schien. Eine Sprache wie dicke Watte: Was sollte der Begriff »Streik« hier bedeuten? Gegen wen, für was und mit welch absehbarem Erfolg verweigerten diese Studenten ihre Arbeit? Kein politischer Adressat interessierte sich für ihre Arbeitsniederlegung. Die gleiche Verkehrung der Begriffe beim Anspruch auf »Zivilcourage«. Wieso kann ein Akt öffentlicher Affirmation an eine Mehrheitsstimmung Zivilcourage besitzen? Zivilcourage hätte doch gerade nur derjenige besessen, der sich der kautschukartigen Betroffenheitssprache entgegengestellt und ihr Gegenteil, eine erkennbar politische Argumentation gesucht hätte.

Am Vortage hatten in Paris einige linksliberale Intellektuelle öffentlich ihre Unterstützung für die militärischen Maßnahmen Frankreichs gegen Saddam Hussein erklärt und der antirassistischen Gruppierung »SOS Racisme« wegen deren panarabischen Solidarität die Mitarbeit aufgekündigt. Der Historiker Le Goff hatte im französischen Fernsehen schon eine Woche zuvor trocken erläutert, inwiefern man sich bald des arabischen Fundamentalismus überhaupt, nicht nur des von Saddam, auch militärisch zu erwehren habe. Der englische Labour-Führer meinte einige Tage danach verächtlich, die Deutschen verkröchen sich vor politischer und militärischer Verantwortung. Das waren konkrete, von politischer Wirklichkeit gesättigte Äußerungen. Und nun hier, in der deutschen Provinz, diese unendliche welt- und folgenlose Sprache der Betroffenheit. Lag dies an der Provinz? Wie charakteristisch war es für eine bundesdeutsche Gesamtlage? Was verkündigte sie? Sie will nichts, sie denkt nichts, sie weiß nichts; sie will nichts als sich selbst: Betroffenheit ist ein Akt der Verinnerlichung, deren sentimentale Ausschweifung parareligiöse Züge trägt: Kerzen! Was waren das für Lehrer, die mit kerzentragenden kleinen Kindern auf die Straße gingen, damit sie ihre »Angst« darstellen und für den »Frieden« demonstrieren könnten. Kein Anflug von Scham dabei, von Taktgefühl oder Stil ganz zu schweigen. Nicht eine Ahnung von der Lächerlichkeit solcher Zeremonien. Was war das für eine seltsam unzivilisierte, sentimentale Sprache, mit leisen Untertönen der Nötigung. Es wurde mir plötzlich deutlich, daß es hier gar nicht um die Differenz politischer Meinung ging, sondern um die Differenz in der kulturellen Mentalität: ein Ausbruch an Gefühlen, die nicht mehr zurückgebunden sind an ein zivilisatorisches Regulativ und die als Potential auch in eine ganz andere Richtung gehen könnten. An einer englischen oder amerikanischen Universität hätte es ohne Zweifel Gegenstimmen zur Rede der Betroffenheit gegeben – und sei es nur, um das individualistische Prinzip hochzuhalten. Was würde Ulrich Wehler zu all dem sagen? Immerhin hatte er, der renommierteste Exponent der deutschen Sozialhistorie, den deutschen Antiamerikanismus schon vor Jahren benannt und analysiert: »Jene Schwarmgeister, die man früher ins Tübinger Stift zu stecken pflegte, wonach sie von den Philosophielehrstühlen und Pfarrkanzeln des Landes ihre Überzeugungen mit Mannesmut unentwegt verkünden durften, geben heutzutage ihre gesinnungsethische Orthodoxie als zeitgemäße Antwort auf drängende Probleme aus. Die nüchterne Prüfung von Einwänden wird durch ein arrogantes Selbstwertgefühl ausgeschlossen, das sich dem unbekannten Amerika ohnehin weit überlegen dünkt.« Was jetzt politisch faßbar wurde, war, daß dieser Antiamerikanismus sich noch mehr zu einem antizivilisatorischen Affekt verdichtete.

Indem mir dies durch den Kopf ging, entschloß ich mich, den Resten der streikgeschädigten Vorlesungsversammlung von einer Frage zu erzählen, die ein israelischer Intellektueller gestellt hatte. Diese Frage war: Ob die Enkel der Nazis abermals auf der Seite der Feinde der Demokratie stünden. Es hätte sich ja eine ähnliche Frontstellung wie gegen Hitler herausgebildet, auf der einen Seite die demokratische Allianz der Amerikaner, Engländer und Franzosen, auf der anderen ein drohender Diktator und die Deutschen? Das war ein wenig demagogisch gesagt, aber brachte dennoch etwas ohne Fackeln auf den richtigen Nenner. Es regte sich kein Widerspruch. Die hier Versammelten dachten wohl anders als die Mehrheit der in der Halle Zusammengedrängten oder viele meiner Kollegen, die wahrscheinlich mit Empörungsgesten auf diese Frage reagiert hätten.

Die Betroffenheitsrede, die übrigens in abrufbarer Nähe zum Wort Empörung steht, kann bei dem nicht Betroffenen einen bis zur physischen Übelkeit gehenden Ekel hervorrufen. Was verbirgt sich letztlich hinter diesem Nebelwort?

*

Das Wort hat die komplexe Struktur eines Traumas. Die Eindrücke der ersten Woche des Golfkriegs an einer Universität der tiefen deutschen Provinz scheinen mir in mancherlei Hinsicht alles andere als marginal. Denn wenn sich ein in »Angst« verhüllter Protest verbreitet und bis in die Sphäre der höheren Universitätssprecher um sich gegriffen hat, dann zeigt sich darin, daß auch das vereinigte Deutschland als Folge des nationalsozialistischen Traumas im Ernstfall nicht als westliche Macht mit entsprechender politischer Mentalität, sondern als mitteleuropäisches Grauzonenland ohne demokratische Tradition politisch spontaner Öffentlichkeit einzuordnen ist. Denn amerikanische Proteste gegen den Golfkrieg hatten ein konkretes Ziel: die eigene kriegführende Regierung. Deutsche Proteste dagegen waren Rituale einer Gesinnung ohne politische Argumentation. Der israelische Kommentator hatte ganz recht: Nicht von ungefähr zeigen eben jene westeuropäischen Länder den Willen zur Entmachtung des weltgefährlich gewordenen irakischen Führers, die eine lange, eindrucksvolle demokratische Tradition besitzen: die angelsächsischen Seemächte, die immer noch selbstbewußten Niederlande, die französische Republik Mitterrands und das dem Westen seit Jahrhunderten tief integrierte Italien. Es sind die gleichen Mächte, die Nazideutschland vor fünfzig Jahren ohne Skrupel in die Niederlage bombten bzw. diese Bombardierung unterstützten. Der alliierte Luftkrieg gegen den Irak war für das kollektive deutsche Bewußtsein von heimlicher Symbolik, die seine Akzeptanz schwierig macht. Die Komplexität ist so vertrackt, weil diese Form von Pazifismus den siebzigjährigen ehemaligen Nazi und seinen ökologisch-friedensengagierten zwanzigjährigen Enkel eint: Die Erinnerung an die Bombennächte der vierziger Jahre und der politisch umfunktionierte Antiamerikanismus haben ein fundamentalistisches Gewicht, sind beide subjektiv durchdrungen von moralischer Legitimität und verschlossen gegen die politische Motivik des kriegführenden Westens.

Erstmals hat sich dieses Syndrom anläßlich des Falklandkriegs gezeigt. Als ein in England lebender deutscher Korrespondent die westdeutsche Reaktion als Hysterie, als strukturellen Abschied von der Politik analysierte und zeigte, daß die ganze englische politische Klasse von rechts bis weit links diesen Krieg parlamentarisch unterstützte*, da fiel die versammelte westdeutsche linksliberale und linke Intelligenz in absehbarer Konformität über diesen Dokumentator einer ihnen völlig unverständlichen Mentalität her. Die Pointe dabei war nicht, daß sie ihn atavistischer Kriegslust ziehen (das taten sie auch), sondern daß sie gemäß dem Prinzip, was nicht sein darf, auch nicht sein kann, die Realität umbogen und voneinander abschrieben, der Falklandkrieg sei eine Erfindung Margaret Thatchers gewesen (so wie manche Friedensdemonstranten jetzt behaupten, der Golfkrieg sei eine Erfindung des amerikanischen Präsidenten). Als ich in jenen Tagen der Einladung eines eher linken Oxforder Colleges folgte, konnte ich die Verwunderung, ja die Verachtung meiner Gastgeber über die westdeutsche Reaktion auf den Falklandkrieg kennenlernen. Ein linksliberaler amerikanischer Historiker sah damals in dieser Haltung die Kehrseite der alten Nazimentalität. Er meinte damit nicht bloß die als neurotisch empfundene fundamentalistische Emotionalität, die da zutage trat, sondern den völligen Mangel an politischem Verstand für das aus der parlamentarischen Tradition evident Folgende und dessen Ersetzung durch einen weltlosen parareligiösen Moralismus, der der Gegensatz von politischer Moral ist; die antienglischen Töne, die damals in Deutschland öffentlich aufkamen, hätten aus den Propaganda- und Witzbüchern der Nazis abgeschrieben sein können; sie entsprangen einer Haltung, die nicht einmal mehr die ehrwürdige Webersche Formel von der Gesinnungsethik beschreiben konnte, da sie eben schlechthin bodenlos war. Hinter universalistischen Kategorien verbirgt sich ein Vakuum praktischer Ethik, und die Betroffenheitsrede ist sein Zeichen.

* Vgl. »Falkland und die Deutschen«, S. 9ff. dieses Buches.

Dies scheint ein deutsches Spezifikum, denn selbst die Argumentationsweise des alten Achtundsechzigers Noam Chomsky, der in diesen Tagen im *Independent* die Kriegsziele der USA zu desavouieren versuchte, ist trotz ihrer trügerisch-utopischen Kategorien weit entfernt von dem Appeal des deutschen Politkitsches. Aber wäre es nicht fair, den deutschen Friedensdemonstranten ein anspruchsvolleres Konzept zuzubilligen, ein Baudrillardsches mit Adornoschen Obertönen: Die nur noch als Medienspiel sichtbar werdende High-Tech-Kriegsmaschinerie verschreckt sozusagen das westliche Prinzip total säkularisierter Zweck-Mittel-Relationen und zerstört dabei im pervers gewordenen Mittel der Massenvernichtung seinen eigenen erhabenen Zweck, die westliche »Individualität«. Den zivilisationskritischen Verdacht, die USA wären dabei, ihrer selbsttätig leerlaufenden Technik zum Opfer zu fallen, hatte schon Adorno in den vierziger Jahren seiner tiefen Entfremdung in den USA formuliert. Die französische nihilistische Variante dieser Technikkritik – sei es nun Baudrillard oder Virilio – möchte sich jetzt gerne bestätigt fühlen. Sie überzieht ihre Lieblingskategorien um eben jenes Maß, so daß diese mit einem Male als nur phantastisch-fiktionale erscheinen.

Nur noch bei den Angelsachsen findet sich ein selbstverständlicher Umgang mit dem Horrorszenario (der ihnen schon 1944 erlaubte, Dresden und später Hiroshima fast ohne moralische Skrupel auszulöschen). Als Herren der Geschichte des 20. Jahrhunderts haben sie kein Schmerz- und Schuldbewußtsein entwickelt, sowenig wie der subjektiv gesund sich Fühlende zum Psychiater geht. Sie sind so selbstbewußt, weil ihre Moral praktisch, ein Teil ihrer Praxis ist: Ihre Semantik ist immer noch abgedeckt vom heiligen Zweck. Mancher sieht das mit Schaudern, zumal wenn er es in der Metaphorik des amerikanischen Befehlshabers Schwarzkopf beobachtet, der Hussein verspricht, ihn »in den Hintern zu treten« und damit offensichtlich die physische Vernichtung von dessen Armee meint, während George Bush in pastoraler Gefaßtheit zu Gott betet wie Englands Henry V. in der Nacht vor Azincourt. Dies allerdings als »falsches Bewußtsein« zu verhöhnen heißt eine wesentliche Struktur der westlichen Hemisphäre naiv zu verkennen: daß hier nämlich nicht der kulturkritische Nihilismus regiert, sondern noch immer die Hoffnung auf Sinn unter erschwerten Bedingungen. Man läßt sich zu Recht nicht mit dem apokalyptischen Argument erpressen, weil die apokalyptische Bedingung zur Zeit gar nicht gilt. Durch die Auflösung der West-Ost-Polarität ist gerade umgekehrt der nichtapokalyptische Krieg denkbar und somit wieder Mittel der Politik geworden. Der halbapokalyptische Einwand mit dem chemisch-ökologischen Argument ist widerlegbar auf doppelte Weise: Entweder bleibt diese Bedingung eine rational kalkulierbare (und ist somit kein prinzipieller Einwand) oder aber sie wäre ab jetzt für immer gültig und die Welt ab jetzt von jedem potentiellen Politkriminellen erpreßbar. Folglich kann das apokalyptische Argument relativiert oder, absolut genommen, nicht geltend gemacht werden.

Man sieht: Die Mittel haben den Zweck bei den noch glücklichen Angelsachsen nicht eingeholt. Wenn sie ihn noch immer heiligen können, dann so, daß dies ohne Zynismus bewerkstelligt wird. Wahrscheinlich werden die Deutschen noch lernen müssen, daß Krieg nicht deshalb schon unmoralisch wurde, weil sie selbst ihn unmoralisch machten und jetzt an einer fundamentalistischen Verwirrung ihres moralischen Urteilsvermögens leiden. Es geht hier nicht mehr um die Anwendung von Prinzipien, sondern darum, wie sich denn der permanente Zwang zum Handeln noch immer mit Prinzipien relativ versöhnen könnte. Das Handeln wird nicht aussetzbar, weil das Prinzip philosophisch problematisch geworden ist. Man möchte dem deutschen Pazifismus indes kein kulturkritisches Argument à la Adorno oder Virilio zubilligen, sondern allenfalls einen in vierzig Jahren politischer Abstinenz zustande gekommenen Verlust jener angelsächsischen Selbstgewißheit, die sich aus der Unaufhörlichkeit einer in reiner Immanenz festgestellten Politik ergibt. Das erinnert auch etwas daran, daß englische Psychoanalytiker die Lacansche Spielart zutiefst ablehnen, weil diese die Annahme selbstverantwortlicher Individualität bezweifelt. Die Angelsachsen beharren dagegen auch hier wie allerorts auf der einfachen Maxime der relativ humanen Praxis. Sie lassen sich nicht ihr historisches Bewußtsein und das Bewußtsein historischer Kontinuität dadurch nehmen, weil sie einen utopischen Laser-Krieg, einen technologischen Overkill-Krieg führen müssen. 1939 ist ihnen noch immer ein symbolisches Datum, ihre militärische Mythologie, ihre moralische Folklore funktioniert wie eh und je. Das sind die Abgründe zu Kontinentaleuropa, vornehmlich Deutschland.

*

Offenbar wurde seit Anfang 1991 eine tiefgehende Entfremdung des (west)deutschen Bewußtseins gegenüber dem Westen. Die Parole heißt: Frieden um jeden Preis. Beziehungsweise: Es gibt überhaupt keinen Preis mehr, der den Verlust des Friedens rechtfertigen könnte. – Das ist freilich eine Behauptung, deren Richtigkeit oder Falschheit wir zur Zeit in der Praxis erfahren. Es sieht nicht so aus, als ob sich ihre Richtigkeit erwiese. Damit wäre aber allen pazifistischen Folgeargumenten der Boden entzogen, und der Verdacht hätte sich bestätigt, daß dieser Pazifismus eine Ideologie ist, die eine Welt jenseits der Welt sucht, die Novalissche Utopie des Weltfriedens erwartet und bis dahin sich an den Welthändeln nicht beteiligt. Nun ist der Pazifismus der Studenten, Schüler und der Friedensbewegung und ihre Darstellung in den Medien das eine. Ihr Durchschlagen auf die deutsche Regierung das andere. Unter der Überschrift »Provinzialismus« war die eigentümlich verschwommene Rhetorik des westdeutschen Außenministers auszustellen, der in der UNO versprach, daß von Deutschland »nur Frieden ausgehen« werde. Dabei war nicht einfach das Salbungsvoll-Pompöse solchen Stils festzuhalten, sondern was sich darin politisch verbirgt: eine für einen amtierenden Außenminister geradezu fatal irreale Einschätzung der politisch-militärischen Wirklichkeit unserer Hemisphäre. Eine ideologische Phraseologie, die beruhigen wollte und das Gegenteil davon erreichte. Wie irreal sie war, hat das brutale Erwachen aus dem Traum an den Tag gebracht, was nicht bloß der Golfkrieg bewerkstelligte, sondern ebenso die in der Sowjetunion und in den baltischen Ländern entstandene brisante Lage. Des als »Gorbi« verharmlosten Gorbatschows Rolle dabei ist am bitteren Ende uninteressant: Die ihn so unrealistisch wie distanzlos umjubelnde westdeutsche Bevölkerung hatte schon damals zur Irritation der politisch nüchternen Westeuropäer bewiesen, daß sie fasziniert war von dem Märchen vom Ende der Grenzen, vom Ende des Weltdualismus und vom Ende der Politik.

Daß solches Wunschdenken prinzipiell eine Wahrnehmungstrübung mit Verantwortungsverlust zur Folge hat, zeigte sich eindeutig in der inzwischen sichtbar gewordenen erstaunlichen Abbildung innerhalb der Bonner Nahostpolitik. Die Heftigkeit der Behauptung, ein Einlenken Saddams sei möglich, zum Zeitpunkt wiederholt, als diese Behauptung längst widerlegt war – diese Heftigkeit ist der Ausdruck der Angst vor der Zerstörung einer Illusion und der Versuch, diese Illusion als Prinzip weiterhin zu nähren. Wenn Genscher am Ende aller Vermittlungschancen noch immer als eine Art Friedensautomat herumlief (und sein Prestige ist seitdem unter westlichen Kommentatoren und Politikern schlagartig gesunken), wenn Kohl auf dem Höhepunkt der ersten Angriffsphase der angelsächsischen Militärmaschinerie im Parlament beteuerte, die Bundesrepublik arbeite auf ein baldiges Ende des Golfkonflikts hin, wenn Stoltenberg die deutsche Abstinenz mit dem mittlerweile unglaubwürdig gewordenen Hinweis auf das Grundgesetz zu begründen versuchte – dann zeigte sich in solch symbolisch und semantisch gehaltlosen Gesten eine ideologische Phraseologie, eine die Wirklichkeit verfälschende Sprache. Dazu gehören neuerdings der UNO-Sprache entlehnte Termini wie »friedenssichernde Einheiten« (solche könnte man laut Genscher in Zukunft auch als deutschen Beitrag erwägen). Die alliierten Truppen jetzt oder deutsche Verbände in Zukunft sind nicht friedenssichernd, sondern kriegführend, auch wenn ein UNO-Auftrag sie begleitete, sie verteidigen essentielle Interessen des Westens gegen essentielle Interessen der arabischen Massen und ihrer wechselnden Diktatoren. Ein Tatbestand, den man in Frankreich sehr wohl reflektiert, in Deutschland jedoch offensichtlich verdrängt. Man sieht, auch die aus besten Absichten manipulierte Sprache schützt nicht vor der Orwellschen Korruption (Krieg = Frieden). Die Verwaschenheit von Genschers Sprache ist nicht als diplomatische zu verstehen – die diplomatische Sprache ist unklar, wenn sie unklar sein will, um sich alle Möglichkeiten offenzuhalten. Die diplomatische Lüge ist bewußt und entspringt einem zynischen Kalkül; ganz im Gegenteil dazu entstammt Genschers Verwaschenheit einer Sentimentalität, die ihm wohl selbst verborgen ist. Wie einflußlos hat der Bonner Staat sich gemacht, indem er den unpolitischen Pazifismus von Teilen der Bevölkerung auf sein Denken und Handeln hat durchschlagen lassen, als alles darauf angekommen wäre, sich konkret handlungsfähig zu erweisen.

Wie konturlos provinziell selbst die Partei des Kanzlers geworden ist, zeigte die öffentliche Erörterung des eventuellen Bündnisfalls. An die Stelle einer klaren politischen Antwort, die sich von der stupenden Irrealität der SPD eines Lafontaine, Engholm und Schröder unterschiede, flüchteten die westdeutschen Konservativen zusammen mit einem intellektuell und politisch überforderten, längst abzulösenden Verteidigungsminister in die Auslegung der sogenannten Rechts- und Verfassungslage, so als ob es sich hier um einen legalistischen Streitfall zwischen Schweizer Kantonen handelte. Die politische Antwort hält aber eine klare Alternative bereit: Entweder die psychologisch gegenüber der Bevölkerung vorzubereitende Bereitschaft zu militärisch wirklich substantiellem Beistand im Falle eines Überfalls des Iraks auf die Türkei, ohne Wenn und Aber, indem man auf den vierzigjährigen Schutz des Bundesgebiets durch amerikanische, englische und französische Soldaten verweist. Auch die Möglichkeit eines direkten militärischen Beistands für ein gefährdetes Israel wäre dann zu erwägen; und um das politisch glaubwürdig zu machen, wäre eine Grundgesetzänderung nicht nur vage in Aussicht zu stellen, sondern parlamentarisch sofort vorzubereiten. Oder aber man entschlösse sich, die Absage an eine solche Bereitschaft politisch und psychologisch angemessen zu begründen. Es wäre zu begründen, warum denn eigentlich die Deutschen nicht Krieg führen und statt dessen einen quasimetaphysisch abgeschirmten Neutralismus praktizieren sollten. Offenbar, weil Deutschland und die Deutschen auf ein solches militärisches Engagement wegen des geschilderten Traumas nicht vorbereitet sind; weil seine Soldaten – ohne eine den englischen, amerikanischen und französischen Verbänden vergleichbare Motivation – der Kampfsituation weder physisch noch psychisch gewachsen wären und, abgesehen von der nationalsozialistischen Armee, keinerlei deutsche Tradition überseeischer Militäraktionen existiert. Vielleicht auch, so könnte das Argument selbstbewußter gefaßt werden, weil die Deutschen infolge ihrer historisch verheerenden Erfahrungen weiser geworden sind als die »alten« Nationen des Westens.

Beide Positionen lassen sich begründen, aber es gehört ein gewisser Grad von intellektueller und politischer Kapazität dazu, der im Bonn der Kiechles, Blüms, Stoltenbergs, Möllemanns und Waigels nicht zu finden ist. Von Willy Brandt, Helmut Schmidt oder Franz Josef Strauß wäre die argumentative Darstellung für die eine oder andere Option zu erwarten gewesen. Was seit Ende Januar zur konkreten Entscheidung anstand, war gar nicht mehr irgendeine längst ranzig gewordene symbolische Geste, sondern ein England und Frankreich vergleichbares offensives militärisches Engagement, ein den in einen Krieg verwickelten Amerikanern, Engländern, Franzosen Zu-Hilfe-Kommen. Wenn das vom Westen längst Erwartete aus innenpolitisch-psychologischen Gründen aber nicht möglich ist, dann wäre dies klarzustellen; und zwar durch eine wirklich politische Debatte des Bundestags, in der die Abwendung, die das vereinigte Deutschland abermals suchte, jedem bewußt gemacht würde, einschließlich der politischen Folgen: ein auf Jahre absehbarer Verlust an politischer Bedeutung inklusive einer Krise der europäischen Einigung. Wer auch nur einen Anflug von Sensibilität für politische Symbolik besitzt, dem hat das sonore Auftreten und die klare Rede über das Kriegsziel der amerikanischen, französischen und britischen Staatschefs den Abgrund gegenüber den derzeit in Bonn die Politik verwaltenden Politikern gezeigt, die mit dem kleinen Glück hinter dem Jägerzaun, wie sich nunmehr beweist, nicht unangemessen von uns karikiert wurden.

Wer aber hinter dem Jägerzaun lebt, der ahnt noch nicht einmal diese heikle Lage, in der er sich objektiv befindet, oder er bemerkt sie zu spät. Er hält es vielmehr mit jener Innerlichkeit, wonach nicht Taten zählen, sondern die Gesinnung. Zum Beispiel die Gesinnung der »Solidarität«. Bundeskanzler, Bundesminister, Oppositionsführer und Parlamentspräsidentin erklären ein ums andere Mal, sie stünden – außer für den Frieden – vor allem solidarisch zu den westlichen Verbündeten, solidarisch zu Israel. Was konnte mit dieser dunklen Rede gemeint sein? So wie der Friedensrhetoriker sich zum guten Menschen erklärt, erklärt der Solidaritätsrhetoriker sich zum besseren Freund. Ob diese diffuse Sprache im Westen, in Israel, wo sie gehört werden sollte, jemand versteht? Es gab einmal eine Zeit, in der die Sprache der deutschen Innerlichkeit und Realitätsflucht im Westen als »tiefe« mißverstanden wurde. Heute ist diese Tradition entlarvt als das, was sie ist: als inkonsistentes Geschwätz, als sentimentales Sichgehenlassen und Ausflucht aus einer politisch zu beantwortenden Situation. Denn »Solidarität« kann im Falle des militärischen Konflikts nur heißen, daß man denjenigen direkte Hilfe angedeihen läßt, denen man die Solidarität verspricht. Im Falle des explosiv gefährdeten Israel ist diese Konsequenz aus der von der Bundesregierung gewählten Solidaritätssemantik besonders evident. Die Absichtserklärung einiger arabischer Potentaten, einen zweiten Holocaust zu versuchen, läßt die Rede von deutscher Solidarität nur so sinnvoll werden. Die Solidaritätsredner von Bonn meinten aber keineswegs diese tätliche Konsequenz. Sie meinten eben nur eine »Gesinnung«, und als sie erschreckt feststellten, daß diese »Gesinnung« nicht überzeugend war, flüchteten sie sich ins viele Geld. Sie sind von der Gesinnung bis zur Selbstrührung erfüllt und werden es nicht begreifen, wenn diese Gesinnung einmal verächtlich als höchster Ausdruck von Gesinnungslosigkeit präsentiert wird.

Zur Zeit hat der Westen damit zu tun, seine Welt, zu der die bundesrepublikanische seit dem Januar nicht mehr so recht gehört, von Saddam Hussein zu befreien. Aber schon jetzt hat die Gesinnung der Betroffenheit, des Friedens und der Solidarität im Westen die Frage aufkommen lassen, ob die deutsche Regierung abermals die gleiche unklare Mentalität enthüllt, für die man seit Wilhelm II. berüchtigt ist: gleichgültig gegenüber praktisch-politischer Moral. Dieser Eindruck ist von der deutschen Bevölkerung korrigiert worden. Daß es unter Kohl aber an seriöser Staatsräson fehlt, hat man jetzt schon eingestehen müssen. Kohls Versagen gegenüber diesem Prinzip entstammt gerade jener ihm nachgesagten Stärke: seinem Instinkt für Stimmungen. Als es darauf angekommen wäre, dem Prinzip der deutschen Staatsräson zu folgen, erkannte er es nicht, weil er der pazifistischen Stimmung folgte, die ihm Genscher, das Fernsehen, Teile der CDU und Kommentatoren wie Theo Sommer vermittelten. Die neue, hastige Solidaritätserklärung seiner Bundestagsrede vom 30. Januar war nichts anderes als ein abermaliges Ducken vor einer neuen Stimmung: dem Zorn der Angelsachsen. Wenn das einflußreichen Kreisen der deutschen Gesellschaft gleichgültig ist, dann nur deshalb, weil die innenpolitische Entwicklung nicht in Richtung westlicher Zivilisation, sondern in Richtung einer riesigen diffusen Provinz gegangen ist, deren politische Elite fast unbemerkt unter das Niveau der Adenauer, Wehner, Strauß und Dehler geriet. Nicht nur die politisch leere Reaktion auf den Golfkrieg zeigt das, sondern ebenso die dumpfe Immobilität hinsichtlich der Zustände in den ostdeutschen Ländern. Es ist inzwischen so weit gekommen, daß dem aggressiven Gregor Gysi, einem der ganz wenigen nicht provinziell wirkenden Abgeordneten, von der Bundestagspräsidentin, die inzwischen zur Maria Schell der deutschen Politik wurde, seine klare Sprache vorgehalten wird. Inzwischen duldet der Versöhnungsterror der bundesrepublikanischen Provinz nicht mehr die Härte, die Schmidt und Wehner selbstverständlich zugestanden wurde. Dabei hätte Gysis Polemik gegen das Golf-Engagement zeigen können, wie sehr diese Regierung, was immer sie sagt, längst tat, was Gysi forderte: sich vom Westen zu entfernen. – Wenn der Golfkrieg längst vergessen sein wird, wird man sich im Westen noch der deutschen Haltung erinnern.

Das politische Vakuum

Verkappte Abkehr vom Westen (sprich: den Vereinigten Staaten) als Konsequenz einer provinziellen Mentalität: Das war die Quintessenz des politisch-diplomatischen Desasters der Bonner Politik bei Ausbruch des Golfkriegs. Selbst das Zentrum der CDU zeigte sich befangen von der politikflüchtigen Larmoyanz, die von gewissen Bevölkerungsteilen bis hin zur Rhetorik der Fernsehsprecher agiert wurde. Während jedoch einige westdeutsche Intellektuelle langsam öffentlich zu begreifen beginnen, daß wir mit den Stereotypen unserer verständlichen und lange Zeit hilfreichen Nachkriegsideologie in eine »Abstraktionsidylle« (Ulrich Beck) gerieten, hat es den Anschein, daß die bundesdeutsche Regierung, selbst nachdem ihr psychologisches und moralisches Versagen weltweit ausgestellt wurde, aus den schon entstandenen außenpolitischen Schäden wenig gelernt hat. Das ist nun schon alles Zeitgeschichte, aber es lohnt sich, das abermalige deutsche Lavieren noch einmal unter die Lupe zu nehmen.

*

Während der amerikanische Präsident am 19., 20. und 21. Februar 1991 mit Unterstützung der britischen und französischen Regierung Saddam Hussein aus wohlerwogenen Gründen den Ausweg zu verlegen suchte, den der von seinen konservativen Militärs unter Druck gesetzte Gorbatschow gebaut hatte, fiel dem deutschen Außenminister nichts Besseres ein, als den glasklaren amerikanischen Bedingungen irgendwie doch zu widersprechen, sie sozusagen in jener inzwischen notorischen Manier zu verundeutlichen und dabei das machtpolitisch durchschaubare Manöver des sowjetischen Präsidenten zu unterstützen. Nicht als ob sich hier einer selbstbewußt von der amerikanischen Schürze hätte freimachen wollen! Dieses Mißverständnis des abermaligen deutschen Lavierens wäre zuviel der Ehre! Das Argument war vielmehr so blauäugig wie dogmatisch: Es müsse alles vermieden werden, das Prinzip des Ost-West-Ausgleichs zu verletzen. An die Stelle des handfesten russischen Interesses setzte der deutsche Außenminister ein Prinzip. Abermals, nunmehr auf der obersten Spielebene, opferte er in seiner charakteristisch vagen Phraseologie konkrete Prinzipientreue zugunsten einer Ideologie von Weltversöhnung. War es beim Ausbruch des Golfkrieges die Idee des Friedens um jeden Preis, so war es jetzt die Idee des Friedens mit der Sowjetunion.

Um welchen Preis? Offenbar um den Preis, das ohnehin schon schwer geschädigte Vertrauensverhältnis der Angelsachsen in das neue Deutschland weiterhin zu unterminieren. Dieser erneute Eklat, von den westdeutschen Kommentatoren nicht weiter kommentiert – um nicht schlafende Hunde zu wecken? –, von den französischen und englischen Zeitungen aber sofort gemeldet, wird auch nicht dadurch relativiert, daß beispielsweise die italienische Regierung ähnlich reagierte. Denn Kohl, der sich Genschers Plädoyer zugunsten eines Auswegs für Saddam Hussein wenige Stunden danach zu eigen machte, ist längst eine einkalkulierte Figur im politischen Spiel Gorbatschows, der den Preis für die Einigung immer höher schraubt. Der deutsche Kanzler hätte also, anders als jeder seiner europäischen Kollegen, vor allem einen Verdacht zu scheuen wie der Teufel das Weihwasser: daß die deutsche Politik in den Schatten der sowjetischen geriete.

Dafür gibt es historisch wie strukturell das Beispiel einer langen Periode im 19. Jahrhundert: Das in den Napoleonischen Kriegen machtpolitisch schwer beschädigte Preußen geriet nach dem Wiener Kongreß von 1815 für Jahrzehnte in die Abhängigkeit der reaktionären russischen Vormacht. Dieses Modell einer russisch diktierten, deutsch sekundierten zentraleuropäischen Friedensordnung aus Machtlosigkeit, Opportunismus und antiwestlichen Instinkten ist von Bismarck, auch von der Weimarer Republik, erneuert worden. Es bleibt weitgehend verdrängt, daß sich Ähnliches während des ersten Aufflammens der westdeutschen Friedensbewegung im Jahre 1982 wiederholte: Als in jenem Frühjahr die polnische Widerstandsbewegung von einer sowjetischen Intervention bedroht wurde, da fehlte unter den westeuropäischen offiziösen und inoffiziösen Solidaritätsstimmen als einzige die westdeutsche. Schon damals wurde das »Frieden um jeden Preis«-Argument – namentlich von Massenmedien wie dem *Spiegel* und seinem Herausgeber – erpresserisch benutzt, obwohl bei kühler Abwägung der politisch-militärischen Wahrscheinlichkeit ein militärischer Ost-West-Konflikt nie drohte. Es bedurfte keiner Brinkmanship, um das herauszufinden.

Aber während der Polenkrise von 1982 und dann während des Falklandkriegs deutete sich schon im westdeutschen Verhalten das Tschernobyl-Syndrom an: die alle Reaktionen der anderen betroffenen Nationen weit überbietende Hysterie gegenüber der Wahrnehmung, daß es keine hundertprozentigen Sicherheiten gibt. An die Stelle kultureller Identifikationen, ohne die auch politische Entscheidungen unmöglich sind, ist hierzulande über die Jahrzehnte eine einzige Identifikation getreten: die mit der Versicherung. Der Versicherung, die durch nichts in der Welt gefährdet werden darf. Diese Psychologie der buchstäblich genommenen Lebensversicherung ist a priori wichtiger als die politische oder kulturelle Bedingung, unter welcher ein solches Leben denn führbar wäre. Als Adenauer und seine rheinische Entourage bis zum Vorwurf, Kanzler der Alliierten zu sein, unzweideutig das von ihm verantwortete Restdeutschland an den Westen band, spielten dabei kulturelle Motive eines urbanen bürgerlichen

Politikers mit, den konkrete westliche zivilisatorische Identifikationen banden, die ihm und der Bundesrepublik wenn nicht die Freundschaft, so doch das politische Vertrauen de Gaulles und einer ganzen französischen Generation einbrachten.

Genau das, was man im Westen immer als Gefahr berief, ist nunmehr am Ende dieser Epoche bei der ersten großen Bewährungsprobe deutscher Politik eingetreten: Die deutsche Regierung steht nicht eindeutig zu ihren westlichen Bindungen. Allerdings, und das ist die Pointe, aus ganz anderen Gründen als den so lange befürchteten: Nicht wegen einer frei gewordenen, kühn ausgespielten Souveränität, sondern umgekehrt wegen einer sich in den achtziger Jahren immer mehr andeutenden mentalen und politischen Provinzialität, die anstelle des bürgerlichen Konkretismus kultureller und politischer Traditionen die absehbar bodenlose Sentimentalität der Versöhnungs- und Versicherungsstrategie setzte. Das drückt sich selbst noch in der nunmehr oft gehörten versöhnlich-salopp gemeinten Entschuldigungsrede aus, der Westen widerspreche sich doch, wenn er zunächst der Deutschen Macht fürchte, nunmehr aber deren Ohnmacht tadele. Abermals wird nicht begriffen, daß es nicht um das eine oder andere, sondern nur um eines, nämlich um politisches Verhalten geht. Insofern ist des Westens Reaktion keineswegs widersprüchlich, denn in der gefürchteten Allmächtigkeit hätte sich ebenso ein Mangel an berechenbarer Politik gespiegelt, wie es jetzt in der offenbar gewordenen Ohnmächtigkeit der Fall ist.

Aber selbst dieser simple Zusammenhang blieb in den beruflich dafür zuständigen Quartieren unbemerkt. (Der Bundeskanzler hat diesen Widerspruchsvorwurf besonders töricht formuliert.) Kein Wunder also, daß die deutsche Regierung noch nicht gemerkt hat, inwieweit die politikferne Sentimentalität, die man allenfalls dem Skandal der Grünen in Israel zubilligen möchte, auf sie selbst übergegriffen hat. Nur deshalb konnte Kohl es zulassen, daß Gorbatschows einschmeichelnde Geste, der deutsche Kanzler könne sich als Mediator zwischen Ost und West verdient machen, nicht durchschaut und angemessen ruhig, aber erkennbar distanziert wurde. Die Pariser linksliberale *Libération* meinte zu diesem Intermezzo schadenfroh, aber noch milde gegenüber dem, was unter vier Augen gesagt wird: »Die Absicht Deutschlands, in den Organen der Weltpolitik mehr Gewicht zu bekommen, hat sich als kurzatmig erwiesen. Die Passivität im Golfkonflikt, das Zögern, der Türkei militärisch mit fester Hand beizustehen – einem Mitglied der Europäischen Gemeinschaft, bedroht durch den Irak –, das alles hat nicht die Sympathien der Alliierten auf Bonn gezogen.«

Diese Einschätzung wurde deutscherseits nicht realistisch bemerkt, weil Bessmertnychs Lob, Deutschland und Rußland agierten in der Krise partnerschaftlich, inzwischen offenbar mehr wog als die unterschwellig immer eklatanter gewordene Entfremdung von Interessen der kriegführenden angelsächsischen und französischen Regierungen. Es braucht keine große Phantasie, sich die Hilflosigkeit und Überraschung der deutschen Regierung auf Bushs Ultimatum vorzustellen. Es war ihr Glück, daß ihr eine Stellungnahme erspart blieb, so wenig war zu diesem Zeitpunkt deutsche Politikermeinung noch gefragt. Aber im Grunde ist es genau dieses, wovon Genscher träumt: politisch nicht wahrgenommen zu werden; oder allenfalls in der »europäischen« Ausflucht. Diese Lieblingsvorstellung des vor Selbständigkeit zurückscheuenden deutschen Nachkriegsbewußtseins ist aber von der neuen Bewegung der englischen und französischen Nationalpolitik in ihrer Substanzlosigkeit ausgestellt worden.

*

Die absehbaren Folgen, geschweige Ursachen der deutschen politischen Impotentia sind auch von den einflußreichen Vertretern des politischen und intellektuellen Establishments bis heute nicht beim Namen genannt, sondern eher ahnungslos als absichtsvoll heruntergespielt worden. Auch was der Bundespräsident dazu zu sagen hatte, entsprach der Notwendigkeit zum konventionellen Konsens und war ein Beschwichtigungsversuch dem gegenüber, was sich im Westen, namentlich in den USA, England und Israel, über Deutschland inzwischen vorbereitet. Das Mißverständnis vor allem, moralische Impulse seien schon eine politische Antwort, hat der Mannheimer Politologe Peter Graf Kielmansegg in einem substantiellen Leserbrief an die *FAZ* (20. Februar 1991) ätzend analysiert, keinen Zweifel darüber aufkommen lassend, daß dieses Mißverständnis weiterhin wuchert und langfristige Konsequenzen für die deutsche Politik haben wird. Als Genscher und Kohl aus bester Absicht, aber ohne klaren Blick für die abermalige Zweideutigkeit der Reaktionen, helfen wollten, den Bodenkrieg gegen Saddam Hussein im Sinne Gorbatschows aufzuhalten, veröffentlichte eine Reihe französischer Intellektueller und Professoren – von aufklärerischen Positionen bis hin zu postmodernen, unter anderem Alain Finkielkraut und Jean-François Lyotard – einen Appell für den »notwendigen Krieg«, wo es zum Beispiel heißt: »Es gilt gegenüber dem Moralismus der Schönen Seelen daran zu erinnern, daß die Menschenrechte, die des Bürgers und der Völker, abstrakte Ohnmacht bleiben, solange sie nicht eingeschrieben werden auf das politische Terrain, in ein Projekt und eine Handlung, die ihnen Festigkeit gibt und sie respektieren läßt, notfalls mit Gewalt. Die Gerechtigkeit muß stark sein, wenn sie vermeiden will, daß nur die Macht vorgeben kann, gerecht zu sein.«

Wie weit ist die deutsche Intelligenz entfernt von solchen Grundsätzen und solch einer Sprache, sieht man einmal von

Jürgen Habermas' überraschendem Über-seinen-Schatten-Springen ab oder auch von Hans Magnus Enzensbergers kulturell vereinfachender, aber sozialpsychologisch richtiger Analyse: Das abermals sichtbar gewordene deutsche Ressentiment gegen den »Westen« hat etwas zu tun mit der Tradition des ewigen Verlierers. Charakteristisch ist andererseits das moralisierende Fühlen und Denken von Walter Jens und Ernst Tugendhat, die beide am politischen Problem vorbeireden. Was Tugendhat an Empfehlungen für den Umgang mit Israel gibt, ist politisch desaströs und wird aufs schönste beleuchtet von dem naiven Israel-Auftritt der Grünen. Im übrigen ist das Bewußtsein, sich nicht auf ewig »erpressen« zu lassen, in deutschen reaktionären Kreisen schon seit jeher verbreitet. Es gehört zu dieser »philosophischen« Argumentation, so zu tun, als gehöre man dem kleinen Fähnlein der Aufrechten inmitten einer Welt von Unverständigen an. Hier wiederholt sich die *self-indulgence,* die auch bei der deutschen Vereinigung so tat, als kämpfe sie auf verlorenem Posten, wo doch in Wahrheit der Antieinheitskonformismus die Erkennungsmarke der westdeutschen und ostdeutschen Intelligenz war. Es ist ein Teil des Arguments, eine noch verborgene Wahrheit unter die Leute bringen zu müssen.

Dabei ist die zitierte französische Position noch immer zu abstrakt, im Sinne einer rationalistischen Tradition formuliert, die das universalistische Prinzip des Rechts mit dem pragmatisch-politischen allzu spielerisch verbindet. Immerhin. Da es in Rücksicht auf die deutschen Defizite an konkreter politischer Moral ganz und gar auf den empirischen Bereich ankommt, wäre die angelsächsische Begründung noch überzeugender als Beispiel. Denn wenn die französischen Linkssozialisten um den zurückgetretenen französischen Verteidigungsminister Chevènement unterscheiden zwischen einem Krieg der Vereinten Nationen, der im Namen des Rechts geführt werde, und einem Krieg der Vereinigten

Staaten, der im Namen der amerikanischen Beherrschung der Region geführt werde, dann unterschlägt dieses universalistisch-abstrakte Kriterium (das auch Tugendhat leitet), daß Rechtsvorstellungen nicht ablösbar sind von kulturellen Normen und umgekehrt. Deshalb ist es unmöglich, die amerikanische Motivation zum Krieg zu isolieren von dem einen oder anderen Element. Eine solche Betrachtungsweise ist politisch nicht seriös. Sie erinnert wider eigene Absicht an jene Wilhelminische Polemik gegen das imperiale Britannien: »Sie reden von Gott und meinen Kattun.«

Die Vorwurfsformel der Heuchelei, die Engländer verbrämten ihre merkantilen kolonialistischen Motive mit dem Schein des Allerhöchsten – auch dieses Argument wiederholt Tugendhat –, verkannte, inwiefern gerade in dem Versuch, das selbstverständliche eigensüchtige politisch-ökonomische Interesse zu versöhnen mit der kulturell-politischen Idee des Empire (Pax Britannica), eine Norm beansprucht wurde, die den Weltmachtsansprüchen der deutschnationalen Mittelschicht nicht rechtlich, aber zivilisatorisch weit überlegen war. Insofern verkennt auch ein zur Zeit sich wieder bemerkbar machendes deutsches Ressentiment gegen den angelsächsischen »Kolonialismus«, inwiefern dieser aus einer politisch-moralisch unendlich verfeinerten Kultur hervorging, als die Deutschen sie jemals hervorgebracht haben. Auch hier zeigt sich, daß das empörte Fuchteln mit abstrakten Rechtsargumenten an der historischen Wirklichkeit vorbeiläuft. Das Stigmatisieren jedes Kriegs im Namen universaler Prinzipien ist letztlich ein Produkt unserer barbarischen Tradition, die in der Tat seit dem Ersten Weltkrieg, wenn nicht schon seit den Volkskriegen gegen Napoleon, den Krieg nur atavistisch-existentiell affirmieren, ihn aber nicht zivilisatorisch zu begründen vermochte. Daß solches möglich ist, ist vielen deutschen Intellektuellen wegen dieser Tradition bis heute entgangen. Der Tyrann von Bagdad war jetzt und möglichst für immer

– unter allen Umständen und mit kalkulierbar großen Opfern – zu stoppen. Die bedingungslose Verteidigung Israels ist kein rechtliches, sondern ein politisches Prinzip.

In diesem Zusammenhang hätte längst von deutscher Seite klargestellt werden müssen, daß die israelischen Okkupationen *Ergebnis* einer panarabischen Aggression war, der präventiv zu begegnen das gute Recht Israels ist, und sei es mittels Besetzthalten dieser Gebiete. Auch hier helfen letztlich keine rechtlichen Argumente, sondern nur politische weiter. Daß dieses hierzulande offenbar nicht begriffen wird, legt jenen bodenlosen Moralismus frei, der sich im Jerusalemer Auftritt des Sprechers der Grünen weltweit peinlich dokumentierte: nicht als bedauerlicher Skandal eines Außenseiters, sondern als durchaus repräsentatives Beispiel für eine weitverbreitete deutsche Mentalität. Da hilft kein Abwiegeln mehr und auch die Liebenswürdigkeit der Bundestagspräsidentin oder gar des Bundespräsidenten selbst kann nicht länger verdecken, welche emotionellen, moralischen und politischen Kapazitäten im Ernstfall in Deutschland sichtbar werden. Man hat sich das in Israel, in New York, aber auch in London und Paris tief eingeprägt.

*

Das seltsame Nichtreagieren gegenüber den politischen Erfordernissen, das Ausbleiben jeder Form von Staatsräson und des Muts, diese Staatsräson der Bevölkerung zuzumuten, ist aus den mentalen und sozialpsychologischen *shortcomings* einer Reihe von Politikern erklärbar. Sie halten es mit dem Kinderlied vom Kleinen mit dem reinen Herzen und glauben offenbar, dieses Credo des guten Deutschen sei das, worauf die Welt nach der Nazi-Katastrophe gewartet habe. Daß dieser Irrtum aufkommen konnte, ist aber nicht bloß aus der unglücklichen Konstellation zu erklären, daß es der derzeitigen

Bundesregierung im besonderen Maße an Begabungen ermangelt. Die Ursache hierfür ist die abermals zutage getretene intellektuelle Begrenzung und kulturelle Niveaulosigkeit des Bundeskanzlers. Ein Teil des dumpfen Schweigens und der dann folgenden schwerfälligen Artikulation erklärt sich ganz unmittelbar aus dieser individuellen Besonderheit, die selbst von den besten und kritischsten deutschen Journalisten offenbar wegen einer selbstauferlegten Berufszurückhaltung nicht mehr deutlich genug charakterisiert wird.

Dennoch enthüllte sich dabei etwas Allgemeineres, das erst die Beunruhigung schafft: In Bonn regiert nunmehr die erste Generation, von der man politisch einiges erhoffen durfte, weil sie nicht mehr eigentlich durch die Nazizeit politisch und psychologisch geprägt worden ist. Eine Generation – und im Parlament beginnt sie schon vorzuherrschen –, die das Produkt einer nachdiktatorisch-freiheitlichen Erziehung und sozialen Erfahrung ist (sieht man von den Abgeordneten der neuen Bundesländer ab). Und was zeigt sich? Ein politischer Körper, wo anstelle notwendiger Organe ein Vakuum zu finden ist. In diesem Sinne sollte der Begriff »Abstraktionsidylle« offensiv übersetzt werden. Was aber heißt Vakuum hier genauer? Daß offenbar über die letzten beiden Jahrzehnte die kollektive westdeutsche Bewußtseinsbildung mit allem bestückt war, was eine soziale, in einem sozial befriedigenden Raum sich vollziehende Karriere begünstigte, aber daß jene psychologischen, moralischen und auch elementaren Elemente fehlten, die bei einem politischen Entscheidungszwang unentbehrlich sind. Die Ausblendung der Möglichkeit politischer Gefahren ging bis zur hysterischen Nichtakzeptanz der reinen Faktizität von Gefahr. Deshalb wußte man eigentlich auch nicht, wer man wirklich war. War man ein synthetisches Produkt pädagogisch-sozialer Erziehung? Und was war dann die Vergangenheit? Bevor nun das absehbar abermals auftretende ideologiekritische

Argument zetermordio schreit, hier benutze jemand den Golfkrieg für die anthropologisch-dezisionistische »Revision« (die Polemik gegen Enzensbergers Essay zum Golfkrieg verlief nach diesem Muster), sei die Vakuum-Bedingung an einem bescheidenen, wenn auch illustren individuellen Beispiel erläutert.

Wer ist der Vakuum-Mann? Natürlich der deutsche Wirtschaftsminister (Möllemann). Die Karriere des Genscher-Günstlings geht durchaus mit geheuren Dingen zu, ist in ihrer Weise verdient und repräsentiert damit eine Mentalität, die uns das Vakuum, das im Bonner politischen Körper herrscht, erklären hilft. Als der neue Wirtschaftsminister dem Zweifel an seiner Kompetenz mit dem Hinweis begegnete, auch der einstige Wirtschaftsminister Strauß sei einmal »Lehrer« gewesen, da legte diese dreist zu nennende Bemerkung den Finger in die Wunde unserer Verhältnisse: Ein aalglatter Karrieremacher ohne geistigen Hintergrund und ohne historische Bildung vergleicht sich mit dem politischen und intellektuellen Potential des ehemaligen bayerischen höheren Lehramtskandidaten für antike Sprachen, dessen philologische Brillanz und Kenntnisse seine ehemaligen Universitätslehrer erinnerten, was immer sie sonst politisch von ihm halten mochten.

Das Beispiel verweist in doppelter Weise auf die provinziellen Bedingungen, die das Vakuum begründen: Daß erstens eine Erscheinung aus dem kulturellen Nichts Bundesminister für Bildung werden konnte, ist ein ernstes Symptom für ein System, das im Unterschied zu vergleichbaren französischen und englischen Strukturen jedes Gespür für die historisch-kulturelle Dignität einer solchen Institution verloren hat.

Zweitens: diese Tendenz drückt sich vor allem in der Abwesenheit historischer und literarischer Bildung an unseren Schulen und allmählich auch Universitäten aus. Hierbei handelt es sich nicht einfach um ein Defizit an Kenntnissen, sondern um die methodische Ausblendung von geschichtlicher und künstlerischer Erfahrung: Indem eine historische Epoche oder ein literarisches Werk nicht sui generis erfaßt, sondern vornehmlich auf seine soziale Modellfunktion hin lebenspraktisch aktualisiert wird, zerstört man die Möglichkeit kultureller und individueller Konfrontation, ganz zu schweigen von ästhetischer und historischer Erfahrung. Der entstehende Schaden geht in der Lehrerausbildung weit über die Frage der späteren fachlichen Kompetenz hinaus: Auf diese sozialhygienische Weise wird in Westdeutschland seit Jahrzehnten die sperrige Tiefendimension von kulturellem historischem Bewußtsein beschnitten, das gerade in der Fähigkeit liegen sollte, mit Oppositionen und Konfliktsituationen zu rechnen, die auch die politisch widersprüchliche, nicht vorher berechenbare Situation kennzeichnen. Ein in solcher Weise Erzogener ist nicht fähig, der Komplexität und Kontingenz von Welt und Politik angemessen zu begegnen. Es versteht sich, daß diese ideologisch motivierte Ausgrenzung ästhetischer und historischer Autonomie zugunsten sozialer Funktionalisierung von den provinziellen Bedingungen westdeutscher Alltagserfahrung in Kleinstadt und Region nachdrücklich unterstützt wird. Die Angst vor dem Chaos, dem Unbekannten, der Metropole ist eine charakteristische Eigenschaft des provinziell gebliebenen Charakters. Er gerät in Panik angesichts ideologisch nicht anpaßbarer Situationen. Es ist der Vakuum-Charakter, der nunmehr auch in Bonn überwiegt und angesichts der politisch-militärischen Entscheidungssituation von seiner Provinzideologie im Stich gelassen wird.

*

Dabei ist eine lange Perspektive noch einzuziehen: Der bundesdeutsche Provinzialismus ist auch eine späte Erbschaft der nationalsozialistischen Epoche, soziologisch und mentalitätsgeschichtlich, wie ohnehin die dreißiger und vierziger Jahre gerade hinsichtlich der sich damals ausbildenden sozialpsychologischen Strukturen die Nachkriegsepoche nachdrücklich prägten und hier nicht Bruch, sondern Kontinuität vorliegt, wie es Martin Broszat vor Jahren in einem vieldiskutierten Aufsatz (*Merkur*, Mai 1985) schon gezeigt hat. Der Nationalsozialismus hat zwar die moderne Angestelltengesellschaft vorbereitet, aber ansonsten Deutschland vom Zivilisationsprozeß der Moderne nachdrücklich auf allen Gebieten – außer dem technisch-militärischen – abgeschnitten. Hier setzte sich gewissermaßen die von Helmuth Plessner beobachtete Konstellation der verspäteten Nation fort, die zwar industriell-naturwissenschaftlich an der Spitze der internationalen Entwicklung stand, ihrer politischen und gesellschaftlichen Mentalität nach aber noch vorindustriellen, ja feudalen Strukturen verhaftet blieb.

Die nationalsozialistische Provinzialisierung der deutschen Gesellschaft nun kann ganz konkret soziologisch und psychologisch angegeben werden: Die soziologische Perspektive, die wir meinen, zeigt das Verschwinden des jüdischen Bürger- und Großbürgertums, vor allem in Berlin, des preußischen Adels sowie einer diskreditierten Wirtschafts- und Universitätselite. Diese 1945 endgültig verschwundenen, einst Politik und Kultur entscheidend mitbestimmenden Schichten überließen das Wort einem neuen Typus: dem Kleinbürger aus der Provinz. Auf der kulturellen Ebene bedeutete dies, daß man die regionalistisch-provinzialen Motive mit moralischem Aplomb befürwortete (Alexander Kluge, Peter Weiss und Hans Magnus Enzensberger sind atypische Erscheinungen, und ebenso charakteristisch ist bis heute, daß die österreichische Literatur der bundesrepublikanischen an intellektuellem und künstlerischem Raffinement das Nachsehen gibt). Die deutsche Literatur hat sich von der Tatsache, daß die Nazis Deutschland endgültig von der Moderne getrennt haben, nie ganz erholt. Auch im politischen Bereich setzte sich dieser Typus des Kleinbürgers aus der Provinz bis zur heutigen Situation durch: Während an den Generationen von Adenauer bis Brandt noch der bürgerliche bzw. proletarische Trend über die Nazizeit hinaus erkennbar war, ist der provinzielle Kleinbürger das ausschließliche Gütezeichen der späteren Bundesrepublik geworden: phänotypisch und sprachlich inkarniert in dem Doppel von Kohl und Genscher. Jedenfalls scheinen politisch so ehrgeizige und begabte Figuren wie Dahrendorf oder Dohnanyi oder der neue Ministerpräsident von Sachsen in diesem Milieu nicht einmal in der zweiten Reihe vorstellbar. Daß von den ostdeutschen Politikern de Maizière ausscheidet und der angepaßte Angestellte Krause bei Kohl Karriere macht, verdankt sich nicht nur einem politischen Malheur, sondern paßt ins Bild. Und dahinter die Gesichter der Möllemanns und Rühes. Keine individuelle Gestalt weit und breit sichtbar, die dem angedeuteten Muster entkäme, die auch nur entfernt ein Match wäre für die noch immer ungewöhnliche Vielfältigkeit bürgerlicher Individuen im französischen, englischen Parlament und im amerikanischen Abgeordnetenhaus.

Die mentalitätsgeschichtlich-psychologische Perspektive bringt folgendes ins Bild: Die Naziideologie hatte über ein Jahrzehnt Zeit, das ländlich-bäuerliche und kleinstädtische Idyll als Widerpart zu einer als jüdisch-intellektualistisch und westlich-korrupt verstandenen Großstadt-Moderne herauszukehren. Daß diese Tendenz im Widerspruch stand zur faschistisch-heroischen Manipulierung der industriell bestimmten Großstadtmassen, besonders seit Kriegsausbruch, änderte nichts an ihrer Popularität. Nicht das »Blitzmädel«, sondern die deutsche Frau und Mutter – ungeschminkt, nicht rauchend und in der Öffentlichkeit dem Manne untertan – war ein Typus, der selbst bis heute noch erkennbar ist und reproduziert wird. Es darf vermutet werden, daß sich diese provinzielle Idylle dem Nachkriegsdeutschen als der erlaubte Erbteil des Nazismus um so mehr als gesellschaftliches Modell anbot, als der unerlaubte heroische Erbteil endgültig disqualifiziert war – dazu bedurfte es jetzt nicht mehr der Alliierten.

Dieser Provinzialismus war programmatisch ungefährlich und pries sich nachdrücklich als Gegengift gegen jede Restauration nationaler Größe. Daß dieser sozial zweifellos notwendige und hilfreiche Provinzialismus, der den eigentlich nur als Regionaltradition erträglichen rheinischen Karneval als Substitut nationaler Feste erfand (»Wir sind die Eingeborenen von Trizonesien«), selbst ein Element der nationalsozialistischen Periode war, wurde vergessen. Natürlich hat es die deutsche Provinz immer schon gegeben. Gordon A. Craig hat seinerzeit sehr sensibel zeigen können, inwiefern fast ganz Deutschland aus dieser Provinz bestand und nur wenig Anziehung von seiner politisch-geistigen Zentrale ausging.

In der Tat: nach dem Verschwinden bzw. Stummwerden von einst den kulturellen Diskurs – und die Metropole – bestimmenden Klassen rückte die Provinz im Nachkriegsdeutschland als das alles prägende Muster vor. Es ist aber, wie sich andeuten ließ, ursprünglich die andere Seite derselben Medaille, und gerade seine Funktionalisierung als sozusagen unpolitische Bewältigung der nationalsozialistischen Vergangenheit beweist das. Dann wird auch verständlicher, warum es zu der von Alexander und Margarete Mitscherlich diagnostizierten Unfähigkeit zu trauern kommen mußte. Nicht politische Verstocktheit oder nur pathologische Neurose erklärt das, wie meist angenommen. Es ist vielmehr der provinzielle Typus selbst, der sich seines »heroischen« Doppelgängers entledigt hatte, der nicht bloß des Heroismus, sondern jeder Form von sublimer Haltung abgesagt hatte: Er war auch nicht zu einer solchen Reflexionsleistung des Trauerns imstande, weil er mit der Entledigung seiner Identität als Schuldiger überhaupt die Bühne moralischer Handlungen verlassen hatte. Trauer ist ein psychologisch-geistiger Gestus, der dem provinziell gewordenen deutschen Charakter nicht mehr darstellbar war.

Das gleiche gilt auch für das verquere Verhältnis der Bundesdeutschen zum 20. Juli, dem einzigen ihnen verbliebenen historischen Datum, an dem sie eine antinazistische Tradition aus eigener Kraft hätten begründen können: Sehen wir einmal von dem Faktum ab, daß die politischen Ziele der durchweg adligen Verschwörer – also nicht bloß der Attentäter – kein Modell für die zukünftige Bundesrepublik sein konnten, dann bleibt auch hinsichtlich der menschlich-kulturellen Physiognomien eines Helmuth James Moltke, eines Adam von Trott zu Solz oder Fritz-Dietlof von der Schulenburg eine unüberschreitbare Barriere. Mit diesen Namen und dem, was sie repräsentierten, war zunächst einmal die nicht provinzielle Möglichkeit Deutschlands zugrunde gegangen. Daß aus ihrem Verschwinden keine Spur mehr in der neuen Gesellschaft zu finden war, daß an die Stelle des herrisch-verwegenen Typus, nennen wir ihn einmal von der Schulenburg, der ängstlich-schlaue Typus, nennen wir ihn einmal Hans-Dietrich Genscher, trat, war von historischer Folgerichtigkeit und gibt dem neuen Typus sein großes politisches Gewicht. In dieser Folgerichtigkeit lag beschlossen, daß man, ebensowenig wie man sich zur Trauer verstand, sich nicht zum einzig verbliebenen »heroischen« Datum der deutschen Vergangenheit verstehen konnte. Gewiß, dieses totale Vergessen galt auch der Abwehr der elementaren Mentalität einiger Verschwörer, die sich vom Nationalsozialismus einmal faszinieren ließ. Auch hier ist nicht der Hinweis auf politische Verstocktheit überzeugend, sondern die Erkenntnis, daß dem provinziell-kleinbürgerlichen Typus kein Echo auf den vorangegangenen mehr möglich war. Sancho Pansa hatte endgültig Don Quichotte aufgekündigt.

Zweifellos hat das ängstlich-schlaue Sancho-Pansa-Deutschland bis zum Ausbruch des Golfkriegs viel Glück gehabt. Nicht nur Glück, sondern zu Recht auch Erfolg und deshalb Anerkennung. Es ist jetzt in eine Krise geraten. Sancho Pansa will diese Krise noch nicht wahrhaben. Das ist eine optische Täuschung, die sich aus den psychologischen und ideologischen *shortcomings* des Typus ergibt. Er mag sich noch so sehr im Schatten der politischen Entscheidungen ducken und vom Tisch der Verantwortlichen wegstehlen wollen. Seine Argumente – Privilegierung des »Europäischen« statt des Politischen und Nationalen – haben sich als zu kurz geraten erwiesen. Der Einfluß der Bundesregierung war auf dem Höhepunkt der politisch-militärischen Entwicklung verkürzt zu dem Belgiens oder Luxemburgs. Er wird bei der Neuordnung der gefährdeten Region nicht sonderlich wachsen noch bei der Neuordnung anderer Probleme. Die westeuropäischen Politiker stellen sich darauf ein, daß Deutschlands Kapazität weiterhin nur eine finanzielle zu sein scheint. Der in Deutschland vorherrschende Politiker-Typus wird deshalb historisch überprüft werden, wenn auch noch nicht zu erkennen ist, welch ein anderer Typus an seine Stelle treten könnte. Immerhin beweisen einige Reaktionen, interessanterweise eher von Intellektuellen denn von Politikern, daß das bisher erfolgreiche Selbstverständnis möglicherweise nicht mehr den Konsens darstellt, der in Zukunft selbstverständlich sein kann.

Ausdruck ohne Geheimnis

Ausgerechnet der späten Bundesrepublik Provinzialismus zu unterstellen ist unterschwellig skandalös. Man nimmt sie politisch nicht ganz ernst, und das verstößt gegen ein Prinzip der besseren politischen Erziehung, nämlich Politik nicht lächerlich zu machen. Denn dies ist immer nur möglich von außerhalb der gegebenen politischen Bedingungen. Innerhalb dieser Bedingungen kann man nur relativ kritisieren. Wer sich daran nicht hält, gerät unter den Vorwurf des apolitisch Verantwortungslosen. Daß dies allerdings eine fruchtbare Perspektive sein könnte, ist nur in demokratisch erfahrenen Ländern Common sense.

Skandalös ist offenbar auch, das sich enthüllende außenpolitische Bonner Fiasko in etwas noch Beklemmenderem zu fassen als in dem Auftreten der unmittelbar dafür Verantwortlichen: nämlich im Mangel an elementaren Qualitäten der seit zwanzig, dreißig, vierzig Jahren hier Heranwachsenden.

Daß darüber bisher nicht geredet wurde, liegt an einem weiteren Prinzip politischer Erziehung: über politische Phänomene niemals anders denn pädagogisch-soziologisch zu reden. Das sichert die öde Affirmierung an das, was angeblich ist, wie es im politologischen und soziologischen Erhebungsdenken einschlägiger Veröffentlichungen nun schon seit vierzig Jahren belegt ist. Eine kulturelle Kategorie wie »Provinzialismus« kann in dieser unabschüssig-abgesicherten wissenschaftlichen Tagungssemantik nicht vorkommen. Wird man in hundert Jahren die Äußerungen unserer führenden bundesrepublikanischen Politologen und Soziologen zur späten Bundesrepublik des 20. Jahrhunderts nachlesen, dann wird das Entscheidende, Substantielle, eigentlich Charakteristsche dieser zweimal total geschlagenen, nur äußerlich wiederhergestellten Nation nicht ablesbar sein: daß sie sich von jenen Niederlagen nie erholt hat, daß der Ausdruck dieser nicht abnehmenden, sondern eher zunehmenden inneren Schwäche nicht in sozialen Daten, sondern in einer psychologischen Analyse zu finden wäre. Wie nichtssagend sind deshalb alle Äußerungen über die zusammengebrochene DDR, wenn man sie nicht sehr schnell auch psychologisch faßt, sozialpsychologisch, auch psychoanalytisch reflektiert, aber doch auf den zweiten Blick psychologisch. Wie nichtssagend desgleichen die Mitteilungen über die alte Bundesrepublik, wenn man nicht letztlich auf ein psychologisch-kulturelles Phänomen zu sprechen kommt. Will das oder kann das die Soziologie nicht mehr? Simmel, Sombart und Weber konnten das. Und natürlich Voegelin. Aber den hat man weggeekelt.

Bisher sind nur die Bonner Politiker oder die politisierende Intelligenz als Ausdruck des grassierenden Provinzialismus erörtert worden. Wenn es aber wahr ist, daß das politische Nachfolgegebilde des Dritten Reichs mit fortschreitenden Jahren der äußeren Konsolidierung immer stärker sich provinziell ausdrückt und ausdrücken möchte, dann ist ja wohl die Wahrscheinlichkeit groß, daß diese Selbstverkleinerung auch im kulturellen Bereich zu finden ist. Sind die westdeutschen Intellektuellen inzwischen mit ähnlichem Ausdruck begabt wie die Sphäre um Kohl, also die politischen Vertreter des rechten Kleinbürgertums.

Wenn die Soziologen und Politologen keinen Namen für das Phänomen der Provinzialität fanden oder ihnen diese Frage gleichgültig ist, dann liegt das vielleicht auch daran, daß ihre Mehrheit selbst in ihrem intellektuellen, psychologischen und ästhetischen Lebensbereich betont provinziell blieb. In dieser Sphäre gedeihen jedenfalls keine Gestalten wie Georg Simmel oder Norbert Elias. Wie das überhaupt innerhalb der westdeutschen Universitäten aussieht, namentlich bei den Geisteswissenschaften – im Vergleich zu den phantasiesprühenden Franzosen, Italienern und Amerikanern –, ist eine Frage, zu explosiv, als daß wir sie auch nur streifen könnten. Und die schöne Literatur sollte man taktvollerweise auch mit solchen Fragen in Ruhe lassen. Mir jedenfalls scheint zwischen Günter Grass oder Peter Härtling oder Martin Walser – drei sehr charakteristische, weithin bekannte westdeutsche Romanciers der eher narrativen denn reflexiven Schule –, mir scheint zwischen diesen einerseits und dem spezifischen Milieu andererseits, das die neue Bonner Staatsästhetik hervorgebracht hat, seit geraumer Zeit ihren politischen Bekenntnissen zum Trotz eine gewisse Ähnlichkeit evident. Zumindest ließe sich der eigentümliche Niedergang dieser Schriftsteller von beachtlichen Anfängen zur künstlerischen Bedeutungslosigkeit als Analogon der fortschreitenden politischen Provinzialisierung der Bundesrepublik lesen. Und der Fall dieser drei berühmten Autoren ist beliebig zu ergänzen: Am Anfang stand ein noch immer irgendwie der Moderne verpflichteter Stil, am Ende ein sentimental-betulicher Erzählstrom, der mit dem provinziellen Syndrom unmittelbar korrespondiert. Die Kultur der »Stadtschreiber« und der »Dichterlesung«, der meisten literarisch-wissenschaftlichen Akademien und ihrer Preisvoten wird man ohne Bösartigkeit als eine charakteristische Erfindung der Bundesrepublik bezeichnen und mit dem Etikett des Provinziellen bedenken dürfen. Witold Gombrowicz hat in seinem sarkastischen Tagebuch die Anfänge einer gesichtslosen Pflichtmentalität nicht etwa in der Provinz, sondern sozusagen auf der obersten Ebene des westdeutschen Literaturbetriebs in Westberlin schon vor mehr als zwanzig Jahren beschrieben.

Aber diese literarische Landschaft bleibt doch ein delikates Feld kontrovers bleibender Urteilsbildung, dem sich noch immer interessante Einzelfälle entziehen, besonders der jüngeren Generation. Die provinziell gewordene Kultur ist eher an kollektiven und kollektiv wirkenden Formen zu erörtern: etwa in der Werbung, in den Zeitungen, in Schlager und Film.

*

Für den öffentlichen Geschmack, seinen kulturellen Stil und sein Bewußtsein sind die provinziellen Züge der westdeutschen Werbung, der überregionalen Zeitungen und des Films, insofern es ihn gibt, sprechender als die doch von verhältnismäßig wenigen Menschen gelesene (und geschriebene) schöne Literatur.

Zur Werbung: Unübertreffliche Quelle für eine Analyse des provinziellen Kollektivs ist sicherlich das Markenzeichen des ZDF: die Mainzelmännchen. Wer in einer konventionellen, aber durchaus selbstbewußten Geselligkeit anfinge, irgend etwas an ihnen grundsätzlich peinlich zu finden, der setzte sich seinerseits schweren Verdächten aus: der Humorlosigkeit, der mangelnden Leichtigkeit oder schlimmer: möglicherweise ist der Kritiker der Mainzelmännchen auf sonore Staatssymbolik aus, auf melodramatischen *Pomp and Circumstance* im Stile der BBC? Wie kann man überhaupt aus solcher Harmlosigkeit ein Problem machen? In dieser Frage liegt das Problem.

Das Getue, Gehechle und Gekechere der Mainzelmännchen ist nämlich auf eine vielsagende Weise »harmlos«: Es erkechert sich selbst die Harmlosigkeit, die nirgends sonst auf der Welt existiert; sie löst alles denkbar Widersprüchliche in Harmlosigkeit auf, sie will zeigen, daß an diesem Abend eigentlich nichts anderes als dieses Gekechere möglich ist. Warum? Das putzig-alberne Wesen dieser geschlechts- und charakterlosen Männlein enthält ein ideologisches Element, eine Botschaft. Wenn man bedenkt, daß es vom Fernsehen der Nachfolgegesellschaft eines Mord- und Raubstaats sehr bald erfunden wurde, dann drängt sich zur Erklärung für die Albernheit dieser Fernsehfiguren doch auch auf: Hier bettelt einer mit verstellter Stimme um endgültige Entlassung in die Regression.

Aber sind solche Überlegungen zu den unschuldigen Kerlchen nicht viel zu heavy, sind die Mainzelmännchen nicht auch ein Einzelfall, der zudem die Bundesrepublik der sechziger, aber nicht der achtziger, gar neunziger Jahre kennzeichnen mag? Keineswegs. Daß Harmlosigkeit und Putzigkeit geradezu Ausdruck offizieller deutscher Selbstdarstellung ist, kann man erkennen, wenn man die legitimen Nachfolger der Mainzelmännchen im Kino bestaunt: die rosaroten Elefanten der Bundesbahn, die quiekenden Werbemäuse der Bundespost. Diese besonders schrecklichen Ausgeburten der Deutschwerbung sind in unserem Zusammenhang bedeutend, als sie eben im Auftrag staatlicher Institutionen ihr Unwesen treiben: deutsche Staatsräson, ins Werbebild gefaßt. Aber man muß wohl selbst Böses denken können, bevor man dergleichen denken kann.

Was ist indes mit »Mon chérie« oder »Asbach Uralt«? Was ist an diesen beiden archetypischen bundesrepublikanischen Reklamen für den weiblichen und männlichen Verzehrgenuß so schön ekelhaft? Und dabei so hoffnungsvoll provinziell? Es konnte einem immer fast schon schlecht werden vor lauter Lust an diesen Altemblemen der unverwüstlichen bundesrepublikanischen Mutti- und Kuchengesellschaft. Da ist einmal im Falle von »Mon chérie« diese aseptisch-süßliche Abstinenz von allem Anflug eines wirklich sensualistischen Aplombs; das konfektionierte kleine Versprechen, das kokett Eingepackte zum Lutschen – auch hier unterschwellig das Inaussichtstellen auskostbarer Gefahrlosigkeit. Zum anderen der schwere Wink mit feudaler Anciennität in gutturalem Tonfall, das schwerfällige Edelelixier ohne wirklichen Charakter. Ein knutschiges und ein steifes Etwas von irgendwie transzendenter Unweltlichkeit.

Das ganz Besondere dieser Verführungen sind die getragenen Stimmen – alle Stimmen der hausgemachten westdeutschen Reklame, vor allem die männlichen. Es sind Stimmen voll seelischer Inbrunst, sozusagen feingemachte Timbres. Schauspielerstimmen, die sich am Edelsten der deutschen Sprache versucht haben und die jetzt für das Brathendl in der »Warmhaltepackung« oder das »freundliche Hotel« erklingen – es sind noch einmal die Schnulzstimmen aus dem Heimatfilm, die sich vorher an Schiller und Goethe geölt hatten: Hamlets aus Bückeburg.

Soweit das edle Material. Wesentlicher aber noch ist eine ganz besondere Dimension: der nachdrückliche Verzicht auf Überraschung! Alles ist absehbar, sauber, aufgeräumt und lieb. Denn was die britische oder französische modernere Warenreklame auszeichnet, eine gewisse Finesse der Perspektive, durch welche das angepriesene Produkt Objekt einer linguistischen oder kameratechnisch artistischen Spielerei wird, wobei der potentielle Käufer eine gewisse Phantasieleistung aufzubringen hat – das alles ist von der westdeutschen Reklame ausgeblendet. Alles Innere wird sofort zum im Eins-zu-eins-Maßstab abgebildeten Äußeren, ein Darstellungsprinzip der Provinz, auf das noch zurückzukommen sein wird. Alles ist buchstäblich das, was es ist, ohne Verfremdung, ohne Verstellung, ohne jede Manier der Maske. Kenner sagen einem, dem sei so, weil es in Deutschland keine Advertising-Ausbildung von Rang gäbe und nicht, weil das hiesige Publikum auf derlei keinen Wert lege, es nicht verstünde. Was auch die Ursache sein mag – diese Differenz betrifft einen der einflußreichsten Sektoren der Alltagskultur und ist vielsprechend, und wenn darüber nie gesprochen wird, dann ist auch dies vielsagend.

Britische, amerikanische Reklameszenen enden oft in

sprachlichen Pointen. Diese rechnen mit einem entwickelten Stadium dessen, was man *sophistication* nennt. *Sophistication* im Alltag: Ironie, Understatement, Verstehen einer Andeutung, Bluff sind ihre stilistischen Mittel. Der einzige westdeutsche Reklametypus, der auch im Ausland bekannt geworden ist und der stilistisch Qualität besitzt, ist jene alte Zigarettenwerbung für HB mit dem wütenden Unglücksmännchen, das aber doch nicht gleich in die Luft gehen wird, weil es nämlich eine HB rauchen kann. Wollte man aus dem Gesagten die prinzipielle Summa ziehen, dann hieße sie: ängstliche Vermeidung alles Unübersichtlichen, Abenteuerlichen, Extravaganten. Selbst Eleganz ist nicht erlaubt, sofern sie auch nur einen Hauch von wirklicher Erotik besitzt. Die angepriesene Ware darf nicht durch artistisches Make-up verstellt sein. Danach ist sie denn auch.

*

Freilich könnte man einwenden, dies sei doch ein recht frivoler Bereich, ob es denn keine »ernsteren« Belege für die Provinzialisierung der deutschen Gesellschaft gäbe, wie es denn mit den großen überregionalen Zeitungen stünde? Die deutsche Presse hat als Ganzes wahrscheinlich eine eminente Rolle bei der gelungenen Verwestlichung und Demokratisierung der Bundesrepublik gespielt, und eine Reihe ihrer ersten Publizisten gehört zur politischen Elite des Landes. Die führenden Journalisten der *Zeit,* der *Frankfurter Allgemeinen,* der *Süddeutschen Zeitung* – um bei den Blättern von politisch erstem Rang zu bleiben – haben erstklassige Universitätsdiplome, glänzende Fachkenntnisse und Erfahrung, sie sind durchweg von einer professionellen Artikulation, die sich in Europa sehen lassen kann. Und doch.

Ich fange vorsichtigerweise mit einem Umweg an, der zunächst eine Information liefert, die den meisten anzusprechenden Journalisten verborgen bleibt, allzusehr bestätigt ihnen ihre vielgefragte Präsenz Tag für Tag eine trügerische Selbstgewißheit: Immer mehr Leute, die ich kenne, haben die Gewohnheit aufgegeben, eine der genannten oder mehrere dieser Zeitungen zu lesen. Wenn man in diesem zugegeben ziemlich eigenwilligen Leserkreis nach den Gründen forscht, dann sind es nicht mehr jene ideologischen, die in den sechziger und siebziger Jahren politische Sympathisanten entscheiden ließen, sondern solche der intellektuell-sachlichen Erwartung, die sich enttäuscht sieht. Wie bitte? Die Wochenendbeilagen der *Frankfurter Allgemeinen* und der *Süddeutschen Zeitung* sollten nicht gedankenvolle Essays enthalten, die *Zeit*-Dokumentationen und -Analysen historisch-politischer Publikationen wären nicht Pflichtbesitz jedes Archivs? Die Seite »Geisteswissenschaften« inzwischen nicht ein Bestandteil der akademischen Gesellschaft, ganz zu schweigen von den Feuilletons genannter Zeitungen?

Auch in diesen Blättern hat sich in der einen oder anderen Weise das provinzielle Element eingeschlichen. Was bei unserer Darstellung des frivolen Falles der Werbungsmedien schon sichtbar wurde, gilt auch für sie: Sie ermangeln in profunder Weise einer individualistisch-originellen Darstellungs- und Sichtweise der Dinge.

In angelsächsischen Journalistenkreisen hält man die deutschen Kollegen seit jeher für »boring«. Was ist der Grund für diese Langeweile? Sprechen wir nicht über die erwähnten Sonderleistungen, nicht über die Feuilletons, sondern über den harten Teil, den Kern: die politischen Seiten. Über das Defizit an Weltkenntnis – verglichen mit den großen französischen, englischen, spanischen, italienischen Zeitungen – soll gar nicht gehadert werden, weil sich dies dem nicht einzuklagenden Fehlen an kolonialer Tradition verdankt. Daß die westdeutsche Berichterstattung und Kenntnis der asiatischen, afrikanischen und südamerikanischen Hemisphäre, unbeschadet der Leistung einzelner (Haubrich von der *FAZ*, Widmann von der *SZ*), weit zurückbleibt hinter dem, was *Le Monde*, *Independent* oder *El País* hier leisten, ist in sich selbst natürlich ein provinzielles Symptom, wobei etwa zwischen der ganz im Regionalen sich begnügenden *SZ* und der international ehrgeizigen *FAZ* noch einmal ein großes qualitatives Gefälle herrscht. Wer sich wirklich international informieren will, kommt mit den deutschen Eliteblättern nicht zurecht.

Wesentlicher für das provinzielle Syndrom ist indes nicht dieses inhaltliche Defizit, sondern eine spezifische Mentalität, die in den letzten Jahren immer stärker hervortrat und etwas zu tun hat mit dem ursprünglich ja so wichtigen pädagogisch-demokratisierenden Auftrag: der Sprache der Fürsorge. In diesen teilen sich die Leitartikler der *Zeit* und der *Frankfurter Allgemeinen* rollengerecht. Den politisch Neugierigen und Urteilsfähigen langweilen seit geraumer Zeit die unverhüllt moralischen Ansprachen der ersten *Zeit*- und *FAZ*-Publizisten. Dieser quasipastorale Aplomb der ganzen ersten Seite beider Blätter schläfert den individualistischen Leser ein. Seine Intelligenz fühlt sich von einem gewissen gehobenen affirmativen Tonfall des Verantwortlichkeitsdenkens gestreßt, der das Genre dieser Ansprachen prinzipiell von dem unterscheidet, was in französischen oder englischen Blättern dieses Typs erwartet werden kann. Wo angelsächsische und französische Kommentatoren einen immanent, distanziert, manchmal sogar zynisch teilnehmen lassen an der psychologischen und machttechnischen Prozedur der Entscheidungen und ihrer Träger, da tritt in *Zeit* und *FAZ* viel zu oft ein höheres Gewissen auf: Machiavelli gegen Schiller ist die Differenz. Insofern bleibt das ironische Streiflicht der *SZ* noch immer eine einsame Wohltat, wie überhaupt die innenpolitische Perspektive dort oft noch Ätzung beibehält, während bei *Zeit* und *FAZ* die verinnerlichte Verantwortung immer mehr eine harmonisierende Sonntagsschule für die Nation inszeniert. Ist es bei der *FAZ* ein versuchtes Regierungsdenken selbst, das die intellektuelle Distanzierung verhindert, so scheint die vornehmlichen Denker der *Zeit*-Zentrale ein klassenprimusartiger, ministrantenhafter Stil der politisch guten Werke ergriffen zu haben (in deren Getriebe erfreulicherweise von den Diagnostikern der Bonner Redaktion auf den weiteren Politikseiten oft pragmatischer Sand gestreut wird). Diese Litaneien kommen leider auch mit einer gewissen Unterwürfigkeit gegenüber dem Offiziösen überhaupt einher. Das Provinzielle daran ist, daß man ständig versucht, in Verständigung mit einem weihevollen Allgemeinen zu bleiben, ohne das Selbstbewußtsein des journalistischen Vermittlers argumentativ oder stilistisch erkennbar zu machen. Man erwartet ja nicht die Exzentrizitäten und den stilistischen Ehrgeiz britischer oder amerikanischer Kommentatoren von *Spectator* bis *Guardian.* Aber etwas Vorbehalt im Einerlei dieser grauen guten Werke würde das Risiko weitläufiger Kommunikation herstellen, würde den bleischweren biederen Überzeugungsernst, das untrügliche Kennzeichen provinziellen Bewußtseins, der Helligkeit und Beweglichkeit des Geistes Platz machen lassen. Dann würde zwischen Sprecher und Gesprochenem eine Distanz entstehen und die plane Identifikation mit hehren Zielen verschwinden.

*

Was wäre dann aber der Ausdruck des Nichtprovinziellen? Blicken wir nicht auf das Hohe, sondern wiederum auf das Niedrige, bleiben wir im Bereich der Medien, unserem dritten Beispiel Schlager und Film. Als die junge Evelyn Künneke folgendes Couplet sang, da verfügte der deutsche Schlager noch über eine weltstädtisch helle Erinnerung, in der die angedeutete *Zeit*- und *FAZ*-Provinz nicht möglich war. Die artifiziell hergestellte Albernheit ist hier Mittel, provinzielle Schwere aufzukündigen; sie ist im Medium Schlager das Nichtprovinzielle schlechthin:

Mich lockt im Hotel nicht die Bar und nicht die große Halle,
im Schreibzimmer schreibe ich zwar, aber nur im dringendsten Falle.
Doch ein Raum, den verlasse ich kaum, denn er beglückt mich immer:
Ich sitze zwei-, dreimal am Tag in meinem Badezimmer.
Im Hotel ist immer Frei-Tag, im Hotel, da ist es schön.
Erst drehe ich am Hähnchen, dann nehme ich ein Schwänchen,
und dann steig ich ein, und dann steig ich ein.

Und da kann das Telefon läuten oder ein Mord geschehn,
nichts kann mir soviel bedeuten, um aus der Wanne zu gehn.

Oder:

Es hat keinen Zweck mit der Liebe, ich falle ja doch immer rein,
weil ich mich so schrecklich verliebe, so soll man zu Männern nicht sein.

Und wenn es dann aus ist, das fasse ich nicht
und trotzdem und trotzdem, das lasse ich nicht.
Mal hat es doch Zweck mit der Liebe, einmal kommt das Glück sicherlich.

Dem einen bin ich zu mondän, dem einen viel zu prüde,
einem bin ich viel zu keß und einem zu solide,
ich stelle mich auf viele ein in meinem Lebenslauf,
doch keinem mache ich es recht, ich glaub, ich geb es auf.

Natürlich muß man diese wunderbar unverschämt-naiven Albernheiten im Chanson oder Synkopen-Jazz der vierziger und fünfziger Jahre hören. Aber schon die herrlich träge Aufkündigung gegenüber jeder Seriosität und die Ausnutzung umgangssprachlicher Expression oder Gespreiztheiten verweist auf die große Tradition, die hierzulande vollkommen vergessen wurde, etwa der genialen Comedian Harmonists.

Ich hab das Fräulein Helen baden sehn, das war schön.
Da kann man Waden sehn, rund und schön, im Wasser stehn.
Und wenn sie ungeschickt, tief sich bückt, oh!
da sieht man ganz genau, eine Frau, so!

Oder aber Marlene Dietrich, unnachahmlich:

Frühling kommt, der Sperling piept, Duft aus Blütenkelchen,
bin in einen Mann verliebt, und weiß nicht in welchen.
Ob er Geld hat, ist mir gleich, denn mich macht die Liebe reich.

Kinder, heut abend, da such ich mir was aus, einen Mann,
einen richtigen Mann!
Kinder, die Jungs hängen mir schon zum Halse raus: einen
Mann, einen richtigen Mann!
Einen Mann, dessen Herz noch in Liebe erglüht, einen Mann,
dem das Feuer aus den Augen sprüht.
Kurz, einen Mann, der noch küssen will und kann, einen
Mann, einen richtigen Mann!

Männer gibt es dünn und dick, groß und klein und kräftig,
andere wieder schön und schick, schüchtern oder heftig.
Wie er aussieht, mir egal, irgendeinen trifft die Wahl!
Kinder, heut abend, da such ich mir was aus, einen Mann,
einen richtigen Mann!

Die Pointe ist: als Sprache, als Haltung, als Zweideutigkeit ist dies alles endgültig vorbei, so wie auf literarischem Boden trotz Enzensberger auch die Tucholsky-Tradition nicht wiederholbar war. Man könnte aus einer Anthologie solcher Schlager, nicht zuletzt aber ihrer Verse, eine Geschichte der verlorenen Urbanität, ihrer Motive und ihrer Mentalität aufschreiben. Wenn in dieser oder jener Form Paris das Chanson bis heute wiederholt hat, verlor sich der hochartikulierte urban-witzige Gassenhauer Berliner Provenienz mit dem Schwinden der metropolitanen Wirkung im bundesrepublikanischen Schmalzschlager. Hier wird besonders erkennbar, inwiefern der westdeutsche Provinzialismus ein relativ junges Phänomen ist, den achtziger, neunziger Jahren und seinen selbstzufriedenen Zeitgenossen sehr viel spezifischer als den vielgeschmähten Fünfzigern. Es begann zwar damals, aber noch ragten – Evelyn Künnekes Schlager belegen das blitzartig – die anderen, hier zitierten Erinnerungen hinein, die sogar die Nazijahre überlebt hatten.

Was für den Schlager gilt, gilt für den Film. Man sollte zunächst eine Selbsttäuschung ausräumen, die von der Existenz eines eigenständigen, international bedeutenden westdeutschen Films. Die sogenannten Autorenfilme der Fassbinder, Wenders, Herzog und Syberberg waren zweifellos die Attraktion der Pariser, Londoner und Mailänder Spezialkinos der siebziger Jahre. Verglichen mit den vergleichbaren Filmen der französischen Nouvelle vague, den Beispielen des englischen und italienischen Neorealismus, ganz zu schweigen von dem großen Filmœuvre der Fellini, Bertolucci, Visconti, haben diese westdeutschen Filme international aber niemals größere Massen angezogen. Ich will ihre künstlerische Originalität nicht diskutieren, wenngleich längst offensichtlich ist, daß Werner Herzog von einem rein literarisch anempfundenen Bildereklektizismus lebte und eine literatenhafte Sentimentalität des Exotismus ausschlachtete. Daß

Wim Wenders dieser spezifisch westdeutschen Literatensentimentalität ebenfalls anheimfällt, beweist sein schwer symbolischer Berlin-Film *Engel über der Stadt*. Und Hans Jürgen Syberbergs Œuvre lebt ausschließlich von der schweißtreibenden Arbeit am deutschen Mythos. Kino im Sinne der modernen Franzosen, Engländer, Italiener und Amerikaner ist das alles nicht! Es ist dem anspruchsvollen deutschen Film nicht gelungen, sich als gleichrangig diesen zur Seite zu stellen – Fassbinder war der einzige, der stilistisch und thematisch dem am nächsten kam.

Dabei ist nun ein besonderes Merkmal festzuhalten: Es gab seit dem Ende des Zweiten Weltkriegs – trotz Curt Jürgens, Peter van Eyck und Romy Schneider – keinen deutschsprachigen Filmschauspieler/in von internationalem Rang. Es wird leicht vergessen, daß selbst die avanciertesten westeuropäischen und amerikanischen Regiefilme ihre Startradition fortgesetzt haben: Belmondo und Delon, Cathérine Deneuve und Gérard Depardieu, Dirk Bogarde, Vanessa Redgrave und Jeremy Irons, von den Amerikanern nicht zu reden, haben an die Filmmythen der Gabin, Marais und Gérard Philipe, der Laughton, Olivier und Mason angeknüpft. Und wenn auch nicht zu sehen ist, wer die Nachfolge internationaler Stars wie Anna Magnani, Sophia Loren und Mastroianni in Italien antreten soll, so kann man doch darauf hinweisen, daß nicht nur die Namen von De Niro und Pacino italienisch klingen. Nichts derlei in Westdeutschland. Selbst die vielgepriesene Schauspielertruppe Peter Steins, namentlich Bruno Ganz, hat die Mauer des internationalen Desinteresses nicht wirklich durchbrechen können. Der Grund für die vierzigjährige Abwesenheit des deutschen Filmschauspielers im internationalen Film ist nicht in diesem oder jenem zufälligen, oft schon erwähnten Nachteil (Deutschsprachigkeit, Aversion gegen Deutsches) zu suchen. Die Ursache liegt vielmehr in dem provinziellen Syndrom: der Geheimnislosigkeit des deutschen Filmschauspielers. Damit kommen wir auf das zurück, was bei der westdeutschen Reklame und indirekt auch der Publizistik auffiel: der Abwesenheit der Maske, der interessanten Abfälschung, des Spiels mit den Möglichkeiten. Westdeutsche Schauspielergesichter verhüllen nie etwas, sondern drücken alles immer im Eins-zu-eins-Verhältnis aus, meist gute beziehungsweise böse Gefühle oder Gedanken – wie die Leitartikler oder die Produktanpreiser. Das macht sie international uninteressant. Verglichen mit englischen Helden oder Bösewichtern, deren Tapferes oder Böses man erst allmählich hinter einer enigmatischen Technik des Mienenspiels herausfindet, halten es die Deutschen mit Lavaters Physiognomik: ja keine Manier der Verhüllung, sondern ehrlicher Ausdruck auf den ersten Blick. Die zahllosen deutschen Offiziersdarsteller (Preiss, Jürgens, Hansen) in internationalen Filmen haben diese Regel bestätigt. Da sie nur Deutsche zu spielen hatten, möglichst in gutem oder bösem Klischee, war das kein Nachteil. Ansonsten ist das Prinzip, das innerste Gefühl zu zeigen, ohne Schattierung, denn »Gefühl ist alles«. Dies führt, von Maria Schell bis Bruno Ganz, zu einer gewissen Verheultheit im Ausdruck. Ob hierbei auch die große expressionistische deutsche Filmtradition eine Rolle spielt, sei dahingestellt. Als Erklärung reichte das aber nicht aus, da die großen Schauspieler jener Epoche sehr wohl mit dem Geheimnis, mit der Leere des Ausdrucks zu spielen wußten. Die nunmehr vorherrschende Expressivität jedenfalls zieht, wenn überhaupt, bloß westdeutsche Zuschauer an, nicht aber die internationale Aufmerksamkeit. Man kann weiter gehen: Während die Inszenierung französischer Kleinbürgermentalität im Gesicht Jean Gabins weltweit interessant erschien, ist dergleichen für deutsche Schauspieler nicht möglich: Die deutsche Provinz ist trotz Fassbinder nicht kinoreif geworden, weil sie im Kino keine zweite Dimension bekam.

*

Das Filmgesicht des großen westlichen Stars hat die zivilisatorische Mentalität der Massen im 20. Jahrhundert tief geprägt. Vorstellungen von Glück und Unglück sind für immer von diesen nie eindimensionalen Gesichtern ausgegangen. Das konnte nur gelingen, weil hier ein universal verständlicher Ausdruck vorherrschte. Dem Ausdruck des westdeutschen Filmgesichts geht diese Qualität bis heute prinzipiell ab, weil es immer wieder in seine nach dem Zweiten Weltkrieg erst entwickelte eindimensionale Expressivität zurückfällt. Das aber ist kein Versagen einer spezifischen Kunstrichtung. Ob Harmlosigkeit der Reklame, pastorale Betulichkeit der Leitartikler oder Geheimnislosigkeit beziehungsweise Gesichtslosigkeit des Schauspielers – auch in diesen scheinbar sekundären oder nicht vergleichbaren Feldern äußert sich, wenn man genauer hinsieht, jener Mangel an individueller Risikobereitschaft, der innerhalb der Politik als Politikflucht festzuhalten war. In allen diesen Fällen klammert man sich an ein angeblich moralisch Allgemeines, an eine überindividuelle Sicherheit und merkt nicht, daß man gerade dadurch das relevante Allgemeine verpaßt. Provinzialität ist buchstäblich zu verstehen: als Verlust von kontingenter Welt und Lebendigkeit zugunsten vorab tiefernst geregelter Sinngebung. Die Geheimnislosigkeit des Schauspielergesichts, der Fundamentalismus des Leitartikels, die Naivität der Reklame sind Varianten der gleichen westdeutschen Krankheit.

*

Wie sich zeigt, ist das Phänomen, dem ich hier nachgehe, nicht auf die apolitische Mentalität im engeren Sinne beschränkt. Da aber die Provinzialismusglossen, und besonders dramatisch die zum Golfkrieg, inzwischen aus betroffenem Munde kommentiert und dabei entstellt worden sind, ist auf diese Art der Reaktion in gebotener Kürze zu antworten. Der ehemalige Chefdenker der SPD, Peter Glotz, hat (zum wiederholten Male) den Versuch unternommen, die Kritik am Versagen der deutschen Politik als »neuen Nationalismus« zu diskreditieren (*Zeit* vom 19. April 1991) und dabei unfreiwillig weiteres Material für unsere These geliefert. Abgesehen davon, daß in meiner Glosse der Verlust an Urbanität und Weltläufigkeit gegen das Zunehmen provinzieller Innerlichkeit ausgespielt wird, also ziemlich genau das Gegenteil des von Glotz Behaupteten steht – abgesehen davon fehlt es dem SPD-Politiker an Argumenten. Daher begibt er sich auf das besonders für ihn gefährliche Terrain der Sprachanalyse: Glotz begreift offenbar nicht, daß meine Charakterisierung der Angelsachsen ambivalent ist: »Als Herren der Geschichte des 20. Jahrhunderts haben sie kein Schmerz- und Schuldbewußtsein entwickelt, sowenig wie der subjektiv sich gesund Fühlende zum Psychiater geht.« Daß hier ein vergiftetes Argument gegen das eigene Plädoyer für den Westen eingeführt, daß die angelsächsische Selbstgewißheit in Frage gestellt wird, kann Glotz nicht begreifen. Wenn es nicht Begriffsstutzigkeit ist, muß es die Routine des Parteiideologen sein, die bewußte Brechungen, Einreden gegen die eigene Position nicht erwartet und daher nicht bemerkt.

Die von mir unterstellte Möglichkeit, die Deutschen nähmen am Golfkrieg nicht teil, weil sie »infolge ihrer historisch verheerenden Erfahrungen weiser geworden« seien als »die ›alten‹ Nationen des Westens«, versteht Glotz als semantischen Trick gegen deutsche »Sonderwege«. Indes führt mein ganzer folgender Absatz aus, daß ich diese Möglichkeit buchstäblich ernst nehme und man sie als Argument gegen den Krieg akzeptieren könnte – wenn die Politiker denn den Mut hätten, sie in öffentlicher Debatte zu vertreten. (Für die Borniertheit des Parteimannes, der nicht zur Kenntnis nimmt, was nicht in seine schematischen Vorstellungen paßt, ein winziges, aber schlagendes Beispiel. Ich schrieb, vielleicht seien die Deutschen »weiser geworden«; Glotz zitiert, die Deutschen seien »›weiser‹ geworden« – zwei einfache, distanzierende Gänsefüßchen, die er hinzufügt, weil sie in seine Argumentation passen; eine winzige Veränderung nur, die Verfälschung zu nennen kleinlich wäre.)

Schließlich kommt Glotz auf eine verschwörungstheoretische Insinuierung vom neokonservativen Komplott junger Geisteswissenschaftler beziehungsweise des »Feuilletons«. Aber er bringt dabei, als Paten sozusagen, nur drei Namen zustande (Enzensberger, Pohrt, Bohrer), höhnt auch über derlei esoterische Wirkungslosigkeit und beschwört gleichzeitig ihre politische Gefährlichkeit. Die Methode ist bekannt: Statt auf Argumente einzugehen, werden sie ideologiekritisch verdächtigt. Namen geben, parteipolitisch identifizieren, moralisch ausgrenzen, einzelne gegnerische Intellektuelle als Symptom desavouieren: Diese Methode ist verjährt. Solange Glotz dies aber nicht begreift, solange er nicht begreift, daß die Jungen, die es wagen, nicht seiner Meinung zu sein, keine »Neokonservativen« oder »Jungkonservativen« oder, was ihm am liebsten wäre, Edelfaschisten sind, sondern diejenigen, denen auf den Universitäten gewisse Dogmen von den Dozenten seiner Generation eingetrichtert wurden und die darauf schon damals kritisch reagierten, solange wird er nichts begreifen. Neokonservativ ist nichts an solcher Haltung. Wenn es denn unbedingt ein Begriff sein muß, dann böte sich eher der des Neoliberalen, des Ironischen oder des Pragmatischen im Sinne Rortys an.

Viele der Generation von Glotz sind noch immer hoffnungslos einer sehr schlichten Fassung geschichtsphilosophischen Denkens verpflichtet, die jede intellektuelle Erscheinung als Funktion der Gesellschaft schematisch verdaten läßt, ohne seine Substanz überhaupt phänomenologisch wahrzunehmen. Phänomenologie ist dieser alten Schule Verbrechen. Das hat sie so gelernt. Daher die intellektuelle Hilflosigkeit gegenüber der verwirrend neuen Situation in Deutschland und Europa, was man durch Feldzüge wie diesen zu kompensieren sucht. Das Gespenst eines intellektuellen Nationalismus soll aufgebaut werden, um heroisch einen neuen gefährlichen Gegner zu haben. Daher aber auch das tiefe Ressentiment gegenüber der Kunst als Kunst, gegenüber dem Äthetischen als Gefahr. Wenn Glotz das Publikum darüber aufzuklären meint, der Hauptschuldige des neuen Nationalismus sei ein »Spezialist für Friedrich Schlegel und Ernst Jünger«, dann soll unterschwellig mitgesagt sein, was die ideologiekritische Konvention seit jeher behauptet: Friedrich Schlegel ist ein so reaktionärer Mystagoge wie Ernst Jünger ein präfaschistischer Bellizist – der neue Bellizismus und die deutsche Romantik! (Was Georg Lukács schon seit jeher wußte.) Ich empfehle Glotz, um sich von derlei geistigen Barbareien zu befreien, einmal die ideologische Neubegründung der SPD auszusetzen und dafür Friedrich Schlegels Essay *Über die Unverständlichkeit* zu lesen. Wenn er ihn verstanden hat, wird vielleicht zwischen ihm und mir doch noch das gedeihen, was er wahrscheinlich als »Streitkultur« bezeichnen würde, ich aber ganz einfach eine Auseinandersetzung ohne Versöhnungsabsicht nennen will.

Seit '45 ohne Metropole

Am Anfang dieser Reflexionen über den mentalen und kulturellen Zustand der späten Bundesrepublik stand der Hinweis auf die Furcht vor Berlin und die möglichen Ursachen dieser Furcht. Während die führenden Köpfe der westdeutschen politischen Klasse sich für Berlin engagiert hatten – selbstbewußt riskant, aber meinungsführend der Bundespräsident von Weizsäcker, anpasserisch der Bundeskanzler Kohl –, konnte man die Neigung der Mehrheit der westdeutschen Bundestagsabgeordneten nur ahnen und eine deutliche Präferenz für Bonn vermuten. Daß der ostdeutschen Katastrophe nur durch eine politisch-intellektuelle, keineswegs bloß ökonomische Anspannung begegnet werden könne, war diesen Politikern der provinziellen Option lange nicht deutlich. Sie begriffen das Problem zunächst nur als ein technisches. Als es ihnen als politisches aufdämmerte, schreckten sie zurück, weil der provinzielle Maßstab nicht mehr ausreichte, sie aber keinen anderen besaßen. Indem sie für Bonn optierten, entschieden sie sich oft unbewußt energisch für die Fortführung Deutschlands als Provinz, für nichts als eine Verlängerung ihrer rheinisch-bayerischen Perspektive bis nach Frankfurt an der Oder. Positiv formuliert: Die alte Bundesrepublik sollte als das politisch und sozial bewährte »Modell« einer nachdrücklichen Vermeidung des Nationalstaates nicht vertauscht werden mit der Gefahr einer neuen nationalstaatlichen Zukunft. Die Wahl Berlins als Regierungs- und Parlamentssitz hat diese politische Prüfung nun unzweideutig beantwortet. Kein Mensch wird leugnen wollen, daß hier ein so großes Wagnis, eine so große Herausforderung liegt, daß einen dabei Beklemmungen anfallen müssen. Über Berlin oder nicht Berlin ist erschöpfend geredet worden. Deshalb möchte ich die historisch-politischen Aspekte dieser Entscheidung hintanstellen und den Blick konzentrieren auf das, was wir bis heute hatten (und noch lange haben werden): die provinziellen Regierungshauptstädte der Länder, ihr Milieu und ihre Ausstrahlung auf das ganze Land.*

*

Als in den frühen achtziger Jahren von mir die defizitäre Ästhetik des Bonner Staates erörtert wurde**, da gaben gewisse Bilder der Düsseldorfer und Münchner Innenstädte den Anstoß. Es hätten auch Stuttgart oder Hannover sein können. Alexander Mitscherlich hat Mitte der sechziger Jahre in seiner berühmt gewordenen Polemik *Die Unwirtlichkeit unserer Städte* erstmalig den Blick geschärft für den Jägerzaun als Symptom, für den Beginn des provinziellen Verfalls als »Zerfall des öffentlichen Bewußtseins«. Mitscherlich erkannte das, was er als »Verprovinzialisierung unserer Städte«, als Zusammenbruch »städtischer Hochkultur« beschrieb, im Symptom des damals neuen kleinbürgerlichen Besitzindividualismus, dessen grauenhafter Ausdruck das westdeutsche Vorort-Einfamilienhaus wurde. Inzwischen, dreißig Jahre danach, besteht ganz Westdeutschland aus einer Summierung dieser die Landschaft zersiedelnden Einfamilienhäuser, deren ästhetische Banausie nur Ausdruck des in ihnen lebenden Mangels an kulturellem und politischem Bewußtsein ist. Mitscherlich hatte es gewagt, die heilige Kuh der frühen Bundesrepublik

* Nach ausdrücklichem Wunsch führender west- und süddeutscher Ministerpräsidenten soll das so bleiben und Berlin nur eine Zentrale im technischen Sinne sein.

** »Die Ästhetik des Staates«, in: *Nach der Natur.* Über Politik und Ästhetik, 1988.

zur Schlachtung zu empfehlen. Verzichten wir darauf, dieses Urteil im einzelnen formal-ästhetisch zu begründen. Jene, die in diesen ein wenig an Zwergen- oder Hamsterhäuschen der Zoos erinnernden Behausungen wirklich wohnen, werden diese Polemik ohnehin als dekadenten Elitismus verstehen. Jene, die das Glück haben, nicht in solchen Verhältnissen zu wohnen, wissen ohnehin, wovon die Rede ist.

Als Alexander Mitscherlich seine Warnungen veröffentlichte, da entwickelte sich seine Stadt Frankfurt gerade zum politischen und intellektuellen Zentrum der ganzen Republik, nicht zuletzt dank der Ausstrahlung des aus Heidelberg kommenden Psychoanalytikers und seines nicht ohne Schwierigkeiten endlich gegründeten Sigmund-Freud-Instituts, dank der ungeheueren Ausstrahlung Theodor W. Adornos als Ästhetiker, Essayist und Kulturkritiker und dank des aus dem Frankfurter-Schule-Kreis damals schon erkennbar als *his own man* heraustretenden Jürgen Habermas – eine glückliche Konstellation für Stadt und Land, die institutionell von der Spannung zwischen Suhrkamp Verlag und *Frankfurter Allgemeinen Zeitung* unterstützt wurde. Das war eine »Stunde der wahren Empfindung«, und nie war eine westdeutsche Großstadt der Überwindung provinzieller Bedingungen näher als das Frankfurt der späten sechziger Jahre. Ich vermute, daß die heftige Ablehnung von Einheit und Hauptstadt Berlin bei der Frankfurter akademischen Linken etwas zu tun hat mit jenem zu Recht erhobenen alten Anspruch, dessen Nostalgiestunde für den, der diesen Anspruch miterlebt hat, verständlich ist. Die Vereinigung hat die intellektuell-politische Zivilisation des deutschen Westens, die Frankfurt viel verdankt, historisch relativiert, mehr noch: bedroht. Allerdings, so unsere These, ist diese Zivilisation kein Ferment gegen die Provinzialisierung der Republik geworden. Nicht die Vereinigung, sondern Kohls Regierungsantritt, der die strukturelle Rückkehr der Provinz bedeutete, beendete endgültig die Frankfurter Utopie.

Solche Hoffnungen auf die Errichtung bürgerlicher Öffentlichkeit hatte auch Mitscherlich, obgleich er schon damals sah, daß »den angesprochenen Vertretern der Öffentlichkeit die psychologischen Voraussetzungen für ein Mitgehen« mit seiner Utopie fehlten. Das war primär sozialpolitisch begründet, nicht mit der Absicht eines sozusagen großbürgerlich-ästhetischen Distinktionsgewinns, wie das heute aus dem Munde von Wolf Jobst Siedler melancholisch herablassend an die Adresse der Berliner Planer klingt, aber in der Sache war es doch schon dasselbe. Es war die Zeit, als die Frankfurter SPD das Westend zerstörte – nicht mit Einfamilienhäusern, sondern Hochhäusern. Andererseits schuf sich der neue Reichtum und die neue Politik am Lerchesberg eine schaurige Demonstration jener Einfamilienhäuser, die Mitscherlich wohl im Sinne hatte.

Inzwischen hat eine ganze Generation westdeutscher Politiker in diesen Zentren von blitzblank geschnittenem Rasengrün mit Edeltanne gelebt. Sie hat diese Verhältnisse, die Mitscherlich als Gefährdung von Öffentlichkeit städtebaulich abwenden wollte, buchstäblich verinnerlicht, und sie wäre die letzte Station, die auf Mitscherlichs Argumente heute hören würde. Zu sehr war Mitscherlich geprägt von einer bürgerlich-idealistischen Utopie, zu sehr geprägt sind diese Repräsentanten durch kleinbürgerliche Sehnsüchte. Irgendwie hat der Psychoanalytiker geahnt, daß diese Flucht in das niedrig gebaute Einfamilienhaus etwas zu tun haben könnte mit der gerade hinter sich gebrachten faschistoiden Provinzialität, die Gottfried Benn in seinem Essay *Kunst und Drittes Reich* 1941 wie folgt beschreibt: »Ein Volk in der Masse ohne bestimmte Form des Geschmacks, im ganzen unberührt von der moralischen und ästhetischen Verfeinerung benachbarter Kulturländer, philosophisch von konfuser idealistischer

Begrifflichkeit, prosaistisch dumpf und unpointiert, ein Volk der Praxis, mit dem – wie seine Entwicklung lehrt – alleinigen biologischen Ausweg zur Vergeistigung durch das Mittel der Romanisierung oder der Universalisierung, läßt eine antisemitische Bewegung hoch, die ihm seine niedrigsten Ideale phraseologisch vorzaubert, nämlich Kleinbausiedlungen, darin subventionierten, durch Steuergesetze vergünstigten Geschlechtsverkehr; in der Küche selbstgezogenes Rapsöl, selbstbebrüteten Eierkuchen, Eigengraupen; am Leibe Heimatkurkeln, Gauflanell und als Kunst und Innenleben funkisch gegrölte Sturmbannlieder. Darin erkennt sich ein Volk. Ein Turnreck im Garten und auf den Höhen Johannisfeuer – das ist der Vollgermane. Ein Schützenplatz und der zinnerne Humpen voll Bock, das sei sein Element. Und nun blicken sie fragend die gebildeten Nationen an und erwarten mit einer kindlich anmutenden Naivität deren bewunderndes Erstaunen.«

Die provinzielle Affinität hat offenbar Wurzeln, und es wäre ein Leichtes, durch die Sprache der Zeit hindurch die frühere und spätere bundesrepublikanische Mentalität auf einer gewissen psychologischen und kulturellen Ebene wiederzuerkennen. Mitscherlichs Beschreibung des Anfangs des Abschieds von der großen Stadt ist die selbstverständliche Erfahrung der neuen bundesrepublikanischen Generationen geworden: »Der patzigen Kleinbürgerei Hitlerscher Herkunft folgte ein schäbiger, zusammengestoppelter Wiederaufbau, mit gelegentlicher Überschreitung eines landschaftsunabhängigen Minimalstandards durch Anwendung teurer Materialien – mehr als ein Dutzend ungewöhnlicher, weltgängiger Inventionen sind nicht darunter. Kunst im Schinkelschen Sinn hat 20 Jahre lang gründlich versagt. Was wir zuließen, war die Egalisierung der deutschen Städte auf einem Planungs- und Gestaltungsniveau dritter und vierter Hand. Die Zerstörung war einmalig; sie hat die Fähigkeit zur Restitution doch viel tiefer, viel nachhaltiger getroffen, als sich das unser Bewußtsein einzugestehen erlaubt. Die Einebnung so verschiedener Stadtgestalten wie Nürnberg oder Dresden, Hamburg oder München ist leicht zu vollbringen. Die Technisierung, Industrialisierung, der Bevölkerungsanstieg hatten die soziale Stabilität dieser Städte seit knapp einem Jahrhundert unterminiert. Nach dem Krieg fand sich keine Bürgerschaft, die sich ihrer Stadt mit einem Blick auf die Zukunft angenommen hätte; statt dessen trat ein Sammelsurium von Behörden in Aktion, die nach Gutdünken wirtschafteten und sich auf die Beschränktheit regierungsungeübter Stadtparlamente einrichteten. Der Traditionsbruch ist fast vollkommen.«

Ein zentraler Gedanke Mitscherlichs war gewesen, vor der damals beginnenden Entmischung der verschiedenen Funktionen der Stadt zu warnen: also Arbeit, Vergnügen, Verkehr und Schlafstätten zu trennen. Diese »Entmischung« ist heute vollendet. Ein Grund für die Friedhofsstille, die im Unterschied zu London oder Paris, ganz zu schweigen von den romanischen Städten, über die westdeutschen Großstädte nach Ende des Geschäftsverkehrs fällt, ist jene Trennung der lebendigen Funktionen. Schlafstädte und die Feinheit der neu- und altreichen Viertel, ihre »falsche Reife der Resignation«. Eine Freudlosigkeit, die durch die merkwürdig einfallslose Farblosigkeit der Reklame noch verstärkt wird und den Heiligen Abend, der öffentlich nur weiße Kerzen kennt, zur Horrorstimmung des Fremden macht, den es in diese Städte verschlagen mag. Die famose Fußgängerzone als Emotionsfalle und Einbahnstraße des Ereignisreichen ist die letzte Konsequenz, und ihrer Ödnis hilft auch das hingestellte Grün nicht auf.

Ganz im Gegenteil: Das Grün ist eine Metapher der Ent-urbanisierung, die seit den sechziger Jahren so rapide zunahm. Es reduziert symbolisch, ja mit einer ideologischen Geste den städtischen Raum, der bisher das Gegenteil war des weiten Landes und des Waldes, auf eben ein solch antistädtisches, um nicht zu sagen antizivilisatorisches Versprechen: die Stadt als der beginnende Wald. Wie man auf alten Stichen aus dem 18. Jahrhundert erkennen kann, waren die Straßen der europäischen Metropolen relativ baumlos. Städtisches Sein hieß Stein-Sein, hieß Geometrie und Entsprechung öffentlicher Plätze und privat bewohnter Häuser. Auch die den romantischen Stimmungen folgende Bepflanzung der Straßen mit Bäumen seit Beginn des 19. Jahrhunderts hat diese Grundbedingungen nicht zerstört, sondern den Funktionen der Mischung nur eine neue Kulisse gegeben. Diese Tendenz, das »Chaos der Städte« zu regulieren, griff auch auf die anonymen Verkehrsformen über: eine Behechelung der U-Bahn- oder Busbenutzer mit Straßennamen, als sei er ein zu geleitendes Kind. Es mag ja ein Informationsvorteil sein, von vielen dankbar angenommen. Daß es aber auch eine fürsorgliche Einweisung vom Unübersehbaren ins Übersehbare, vom Fremden ins Bekannte ist, dies zu erkennen bedarf es offenbar eines an der Erfahrung wirklicher Metropolen geschulten Organs. In einer hochangesehenen liberalen Traditionszeitung der noch immer schönsten unserer Rheinstädte war kürzlich die Wehklage darüber zu lesen, daß immer mehr Fußgänger sich beim Überqueren der Straßen nicht an die Verkehrsampeln halten, es deshalb zu vielen schweren Unfällen komme und das in Aussicht gestellte scharfe Eingreifen der Polizei gegen solche die Ampeln mißachtenden Fußgänger nur zu begrüßen sei. Ich erinnere mich an eine der ersten Deutschland-Nummern des amerikanischen Magazins *Life* nach dem Kriege, in dem der noch immer manifeste »Kadavergehorsam« der Deutschen, ihr fragloses Befolgen öffentlicher Anweisungen unabhängig ihres Sinns oder Unsinns daran abgelesen wurde, daß sie auch dann nicht bei Rot die Straße überquerten, wenn weit und breit kein Auto zu sehen sei.

Zweifellos überlebt der Verkehr der großen westeuropäischen Metropolen nur unabhängig von den Regulationen der Verkehrsampeln. Das setzt ein zivil sensibles Verständnis zwischen Autofahrern und Fußgängern voraus, ein gewisses Augenmaß intelligenter Improvisation jenseits der Regeln, und einzelne westdeutsche Großstädter, besonders die jüngeren, beginnen sich so, nämlich urban, zu verhalten. Offenbar wird es aber vom System nicht zugelassen, und die journalistischen Tugendwächter einer Ideologie des gefahrlos Netten geben dem ihren Zuspruch. Auf die Gefahr hin, vollends Empörung hervorzurufen, sei diese Verwunderung über die menschenfreundliche Stadt auf das Privileg für Fahrradfahrer ausgedehnt: die Trennung von Fahrrad und Auto in manchen westdeutschen Großstädten, indem man dem Fahrradfahrer einen Raum des Trottoirs zugesteht, anstatt ihn sich dem Risiko auf der Straße aussetzen zu lassen. Dies ist – wie die Fußgängerzone, wie die Ampeltreue, wie die Beflüsterung des Verkehrsteilnehmers durch Straßennamen nennende Stimmen – ein Eingriff in das natürliche Miteinander schneller und langsamer Bewegung in der Großstadt, die Kanalisierung eines Rhythmus, den man eigentlich sich selbst überlassen sollte.

Es paßt alles zueinander, das Hamsterhäuschen, die vergrünte Stadt, das Ladenschlußgesetz. Obwohl man höheren Orts sehr wohl erkannt hat, daß Mitscherlichs frühe Diagnose nicht nur intellektuell interessant, sondern richtig war, hat man die Strategie der »Entmischung« nicht zurückgenommen: Es ist überaus charakteristisch, daß Frankfurts allerneuestes ehrgeiziges Hochhaus, das dem urbanen Image der Stadt eine neue Qualität zufügt, ausschießlich Büros enthält und – im Unterschied zur Baupolitik in New York oder London – der Stadt selbst und seiner Bevölkerung nichts Konsumierbares bietet. Frankfurts Hochhäuser sind – so gelungen sie ästhetisch sein mögen – reine Kulissen ohne demokratische Beglaubigung. In diesem Defizit an kommunizierender Lebendigkeit liegt ihre spezifische Provinzialität.

*

Frankfurt ist noch immer, zwanzig Jahre nach dem Tode Adornos, (neben Hamburg und Westberlin) die intelligenteste, die lebendigste deutsche Stadt. Warum also nicht die zukünftige Hauptstadt? Was fehlte also? Ich habe auf diese Frage eine eigentümlich riskante Antwort. Sie kam mir nicht in Deutschland, sondern als gelegentlicher Bewohner der beiden westeuropäischen Hauptstädte: dem anarchisch exzentrischen London und dem gotisch grauen, noch immer spirituellen Paris: Diese Metropolen sind zunächst einmal gekennzeichnet vom Antlitz ihrer großen öffentlich-repräsentativen Plätze und Gebäude. Einmal provokativ befragt, was denn eigentlich der Unterschied sei zwischen dem anonymen Massenmord in den Lagern der Nazis und den maschinellen Hinrichtungen durch die jakobinische Guillotine, erlaubte ich mir eine Antwort, die nicht ideologische Argumente zu Hilfe nahm und nicht frivol sein wollte, sondern tiefer reicht als politische Distinktionen: Die verurteilten französischen Aristokraten und bald darauf die bürgerlichen Revolutionäre selbst erblickten in ihrem letzten öffentlichen Augenblick auf der (heutigen) Place de la Concorde eine schöne Architektur vor freiem Raum mit vielen Menschen unter großem Himmel. Das ist keine Ästhetisierung der Hinrichtungsszene (die Peter Sloterdijk als Beginn des ideologischen Massenmords falsch beschrieben hat); damit soll vielmehr am Beispiel eines signifikanten historischen Moments, der seinerseits wieder große historische Assoziationsketten an diese Plätze und Gebäude heftete, gesagt sein, daß zur Metropole die bewußte oder unbewußte Wahrnehmung von architektonischen Phänomenen gehört, die als Zeichen geschichtlich-politischer Bedeutung die Menschen prägen. Nicht notwendigerweise im Sinne einer erhabenen Rezeption (wie das gewählte Beispiel suggeriert), sondern im Sinne von geschichtlicher, politischer Ereignishaftigkeit überhaupt. Auch nicht im Sinne von bewußten Wahrnehmungsakten, sondern eher als unbewußte ständige Präsenz.

Dabei zeigt sich, daß es nicht einfach die Denkmalfunktion (Arc de Triomphe in Paris, Nelsonsäule in London) oder die schöne Größe ist, die hier prägt, sondern die Phänomenalität öffentlicher, nicht einfach privater Zeit im Raum überhaupt. Viele dieser Gebäude, nicht zuletzt die klassizistischen Kirchen von Paris, sind sogar häßlich, kunstgeschichtlich jedenfalls weniger wertvoll als manches im süddeutschen Barock und Rokoko oder die norddeutsche Backsteingotik. Und dennoch geht von letzteren keinerlei vergleichbare Signifikanz aus, weil ihr historisch-politischer Kontext von nur relativem, zum Teil minimalem Range ist. Bauten sind eben was anderes als Buchseiten.

Die einzige deutsche Stadt, die – obwohl in diesem Kreis die jüngste – über vergleichbare Plätze und Gebäude verfügt, ist Berlin. Das gilt für den Aspekt historischer Zeichen bis zur heftigen Ambivalenz, von der nicht bloß der alte Reichstag, auch architektonisch ein Ungeheuer, sondern ebenfalls so schöne klassische Sinnbilder wie Unter den Linden und vor allem das Brandenburger Tor auch negativ betroffen sind. Aber diesen Namen fügen sich andere zu: Ku'damm, Alexanderplatz, Potsdamer Platz, Friedrichstraße – und diese Namen demonstrieren sofort jene metropolitane, kollektiv mythische und literarische Qualität, über die keine andere deutsche Stadt trotz ihrer Dome, Museen, Feldherrnhallen, Zwinger, trotz all des versammelten köstlichen Ehrgeizes ihrer jeweiligen begabten Fürsten, Erzbischöfe und Bürgermeister verfügt. Die Zerstörung der historischen Substanz der deutschen Städte im Zweiten Weltkrieg hat die in der Provinz noch anwesenden Zeitdimensionen, ein wesentliches Imaginationsmerkmal etwa von Thomas Manns *Doktor Faustus,* endgültig beseitigt und einer völlig ahistorischen und apolitischen Bauweise Platz gemacht, deren deprimierte Beschreibung durch Mitscherlich zitiert wurde. Hier wird deutlich, daß die Mauern der Metropole ein Gedächtnisspeicher sind, dessen Ausstrahlung weit über das Merkmal des historisch repräsentativen Platzes und Gebäudes hinausgeht: Die endlosen Silhouetten der Boulevards und der über ihnen hängenden, dräuend metaphorischen Wohnungen des Bürgertums, die Lädchen, idyllischen Vorgärtchen und finsteren Hinterhöfe der kleinbürgerlichen und proletarischen Hochburgen endloser Vorstädte, das überwältigende Chaos und der Schmutz des Verkehrs an den Zentralplätzen der Übergänge der einzelnen Stadtteile, sie schaffen zusammen eine Äußerlichkeit, eine Offensive des Nichtindividuellen, die erst einmal zu verarbeiten ist und eben jenen metropolitanen Charakter entwickelt, wie ihn nur Städte von der räumlichen und historischen Größe New Yorks, Madrids, Wiens, Paris', Londons, Leningrads und eben auch Berlins hervorgebracht haben und hervorbringen. Die räumliche Dimension ist ebenso wesentlich wie die historische Substanz: Beide zusammen erzwingen das nicht mehr Überschaubare.

Zu dieser Akzeptanz des Chaotischen als des Fremden gehört vor allem auch der kulturell ethnische Unterschied – ohne daß man sich dabei irgendwelchen Illusionen über die multikulturellen Probleme hingeben sollte. Es war überaus bezeichnend für eine provinzielle Mentalität, wie der bayerische Ministerpräsident Berlin als zukünftige Regierungshauptstadt zu desavouieren versuchte, indem er auf die Chaotik, die politische und die soziale, mit dem Finger zeigte: Kreuzberg! Das war nicht bloß die konservative Abschottung von vermeintlich moralisch und sozial Anrüchigem, sondern vor allem die Angst des Residenzpatriarchen vor dem metropolitanen »Unterschied«. Dies ist keine konservative Spezialität, auch wenn es Walter Wallmann war, der das Frankfurter Nuttenviertel trockenlegen wollte; sozialdemokratische Vertreter hätten das anders, weniger sozialpolemisch ausgedrückt. Aber es liegen genug Anzeichen vor, daß auch bei ihnen der Moloch Berlin ähnliche Affekte auslöst. Wenn es denn bei ihnen nicht das konservativ-reaktionäre Ressentiment ist, dann kann sich diese Reaktion nur aus der provinziellen Mentalität eines Sauberkeitsstolzes erklären lassen, wie sie von Hannover bis Kiel im Typus der jeweiligen frisch-fröhlichen Landesherren mit Händen zu greifen ist.

Richard Sennett, der amerikanische Soziologe, hat in seinem Buch *Civitas* an der Differenzqualität vor allem New Yorks den »Schmelztiegel« der Nationen in minutiösen Schilderungen der rassischen und gesellschaftlichen Übergänge innerhalb weniger Straßenzüge die Großstadt als »Kultur des Unterschieds« herausgearbeitet und begrifflich gefaßt. Er konnte sich dabei auf den scharfsinnigsten Wahrnehmer dieses Unterschieds im 19. Jahrhundert, Baudelaire, berufen. Sennett hat gezeigt, wie die »Preisgabe an die Außenwelt« nicht nur die Einbildungskraft, sondern auch eine spezifische Liberalität begünstigt. Dies ist von ihm nicht im Sinne einer Romantisierung der Metropole gedacht. Ganz im Gegenteil: Wie Hannah Arendt sich als die ewig Exilierte erfuhr, ist ein positiver Wert gerade in der nicht überwindbaren »Unpersönlichkeit« zu entdecken und zu akzeptieren. »Gemütlichkeit«, das Kennzeichen der erhaltenen beziehungsweise restaurierten deutschen historischen Stadtsubstanz, kann selbst in pittoresken, nostalgischen Straßen New Yorks oder einer ähnlich belebt-bunten Nebenstraße am Platz der Republik in Paris oder am Pariser Ostkanal, dem Ambiente des Kinomythos *Hôtel du Nord,* nicht aufkommen. Gemütlichkeit ist Gebrüll im Winkel, ist die mit Herzen vernagelte Aussicht ins Freie, das Gegenteil von allem, was Sennett sich wünscht.

Die Zeiten, daß Thomas Wolfe sich von dergleichen faszinieren ließ, sind endgültig vorbei. Vielleicht auch deshalb, weil vom Kitschblick des Münchener oder Frankfurter Rathausplatzes, der den amerikanischen Autor vor einem halben Jahrhundert vielleicht noch als gotisch-pittoreske Finsternis mit verborgenem Potential angezogen hätte, nur noch die Harmlosigkeit eben des Fachwerkkitsches und Spielzeugmittelalters ausgeht. Die Gemütlichkeit im Winkel ist das Gegenteil von »Straßen voller Leben« und »Plätzen voller Zeit«, wie Sennett die Signaturen metropolitaner Potentialität und ihres psychischen Angebots ausdrückt: die kontrollierte Selbstpreisgabe an das schlechthin Fremde. Daß dieses wirklich ein Gesetz der sich immer erneut erfüllenden Metropole ist, erkennt man besonders dann, wenn es sich einmal nicht erfüllt: wenn Straßen und Plätze einer Metropole wie Paris oder London von Heerscharen erschöpfter Touristen besetzt werden, die offensichtlich irritiert sind. Das gilt vornehmlich für deutsche Touristen, die den Löwenanteil an diesen allmählich bedrohlichen Heerscharen haben. Sie kommen in ihren Turnanzügen, Windjacken und Adidas-Schuhen durchweg aus der reinlich reichen Provinz in die unsaubere arme Metropole und legen besonders auffällig ein darob offenbar blödes Verhalten an den Tag: so als ob sie sich gegen die ungewöhnliche Befremdung der Metropole mit lautstarkem Gruppenverhalten wehren müßten. Sie werden von den Metropolenbewohnern sofort als eine andere humane Spezies erkannt und erduldet: als die neuen Barbaren, die sich jedoch nicht mehr wie die früheren anverwandeln lassen.

Die provinzielle Irritation kehrt im Sennettschen Sinne nicht die Preisgabe an die Stadt, sondern die verbissene Verinnerlichung heraus. Die kontrollierte Selbstpreisgabe hingegen markiert den unübersteigbaren Gegensatz zur Provinzialität der deutschen Städte. Das wird verschärft durch den extremen Ehrgeiz besonders süddeutscher Residenzstädte, »Kultur« zu akkumulieren. Schon Evelyn Waugh, der unvergessene Erzähler des englischen großen Stils, höhnte hintergründig: Jedes deutsche Dorf hat eine Oper. Dem Begriffsstutzigen, der erwidern möchte, eine Oper in der Provinz sei doch etwas, jedenfalls mehr als die Einöde französischer oder englischer Provinzstädte, sollte gesagt sein, daß Opern in der Provinz die Provinz nicht entprovinzialisieren, sondern bestenfalls veropern. Über diese spießige Variante der bildungsbürgerlichen deutschen Tradition sollte man sich also keiner Illusion hingeben. Ich möchte aus dieser Einsicht keine Folgerung für größere, kulturell stolze Siedlungseinheiten ziehen. Dennoch mag die Bemerkung angebracht sein, daß die über alle Zweifel erhabene musikalische Kompetenz Münchens an der geradezu historischen intellektuell-politischen Provinzialität dieser Stadt nie etwas geändert hat. München ist im Unterschied zu dem musisch weniger prätentiösen Frankfurt oder Hamburg eine langweilige Stadt.

*

Das Elend der Provinz ist, daß sie nicht Provinz sein will. Damit kommen wir zur eigentlichen Pointe der Situation ohne Metropole. Denn gegen die hier geschilderten provinziellen Züge der westdeutschen Städte wäre wenig einzuwenden, würden sie nicht so nachdrücklich versuchen, den provinziellen Zustand abzuwerfen und die Metropole zu spielen, sich aufzublähen und damit eben den letzten Charme, den sie haben könnten, zu verlieren. Es soll auch nicht vergessen sein, daß Städte wie Hamburg oder Köln eine alte urbane Substanz besitzen, die sich, wie man weiß, in ihrem plebejischen Witz äußert, während das heutige Berlin im Westen und Osten

Merkmale einer fortschreitenden Provinzialisierung zeigt, sieht man von dem aktuellen plebejischen Elend einmal ganz ab. Die Urbs Köln ist vielleicht das einzige Zentrum Deutschlands, dessen vulgärer Witz so etwas wie Sensibilität hervorbringt, weil sie etwas weiß von der melancholischen Relativität der Werte. Dies ist eine eminent metropolitane Eigenschaft. Aber Köln ist heute eben weniger wichtig als vor dem Zweiten Weltkrieg. Die westdeutsche Regel ist Bayerns und Schwabens schwerfällige Emotionalität. Diese Regel hat keinerlei geistige oder psychologische Delikatesse. Das ist das Grobe, das die ganze Bundesrepublik ausströmt, daß der Sinn für Relativität, dieses Merkmal nervös-moderner Intelligenz, der Mehrheit seiner städtischen Bewohner in Ausdruck und Rede so sehr ermangelt. Und dies ist das Resultat der Summe des geschilderten Defizits der Provinzstädte, die unkontrolliert vom relativierenden, intellektualisierenden Geist einer Metropole naiv, aber aufgedonnert vor sich hin leben können.

Es geht hier nicht um eine Berlin-Debatte, sondern um die Abwesenheit der Metropole. Ob Berlin wirklich eine gute Lösung ist, wird sich noch entscheiden. Unabhängig davon gilt aber: Erst indem die Provinzstädte in keinem inneren Bezug zu einer übergeordneten Stadt und ihrem Prinzip stehen, wird ihr provinziell Defizitäres zu einem kulturellen, psychologischen und politischen Defizit des ganzen Landes. Das war der Mehrheit der deutschen Abgeordneten lange nicht bewußt. Die Tatsache, daß viele deutsche Städte reicher sind als vergleichbare englische oder französische und daher ihr kultureller Ehrgeiz sich brillante Stadttheater, Ballettgruppen und Museen halten kann, an welche ausländische Provinzstädte selten denken dürfen, die Tatsache, daß Deutschlands föderalistische Tradition ohnehin über Jahrhunderte ein selbständigeres Eigenleben der Städte produzierte und erlaubte, ändert nichts am provinziellen Syndrom. Es ändert vor allem nichts an der neuen Balance, die seit der Moderne zwischen

Berlin und den anderen Städten herrschte. Deshalb entstand eine folgenreiche Strukturverschiebung seit Ende des Zweiten Weltkriegs: Plötzlich hatten die Städte kein Gegengewicht mehr, das ihre Provinzialität sofort benannt und ausbalanciert hätte. Auch wenn man eingedenk ist der Tatsache – um das Gegenargument noch einmal zu werten –, daß es Deutschland immer eines Zentrums gebrach, wie es die klassischen Nationalstaaten haben, und Berlin dieses Vakuum auch nach der Reichsgründung niemals ganz ausfüllen konnte, so hat sich doch in Berlin fast hundert Jahre lang, bis 1945, was die Provinz auch träumte und sagte, immer mehr das wirklich Relevante und Bedeutende abgespielt. Nicht als ein Verlust für die Provinzen, sondern als paradigmatisches Experiment, als ein Maßstab.

Zumindest gilt nicht der umgekehrte Satz: Die deutsche Provinz hätte der Zentrale nicht bedurft, weil sie das einmalige Wunder – nämlich das Paradigma Jena: das war Fichte, Schelling, Herder, Novalis, Schiller, Schlegel und Hegel – fortgesetzt hätte. Außerdem: Das Genie auf dem provinziellen Lehrstuhl ersetzt auch keine Metropole. Womöglich sind die kulturkritisch spekulativen Dunkelheiten Heideggers im Freiburg der dreißiger und vierziger Jahre deshalb so besonders provin-ziell, weil er nicht in Berlin, sondern im Schwarzwald dachte. Es gilt angesichts gewisser aktueller Schönfärbereien der deutschen föderativen Tradition ohne Rücksicht auf Empfindlichkeit festzuhalten, daß es die deutschen Provinzen und Provinzhauptstädte (und nicht die Vorstufe der späteren Reichshauptstadt, das preußisch-königliche Berlin) waren, wo sich die fatalsten Traditionen von Polizeistaat, Illiberalität, Nachtwächtertum und politischem Quietismus bis in die Moderne vererbt haben! Und wiederum am schlimmsten waren es nicht die mitteldeutschen Flächenstaaten, sondern die angeblich zivilisierten rheinischen Kleinstaaten vor und nach der napoelonischen Säkularisation, die für diese politisch-psychologischen Greuel standen: zum Beispiel Württemberg und Hessen-Darmstadt, von der Bigotterie und Dumpfheit der rheinischen Erzbistümer gar nicht zu sprechen. Dies ist die psychologisch und politisch relevante Tradition, nicht die immer wieder kulturmythologisch berufene »europäische« Rheintradition und die angeblich bürgerlichen Freiheiten, die in den reichsfreien Städten selbst im 19. Jahrhundert nur im pfahlbürgerlichen, nicht in einem modern politischen Sinne existierten.

Von diesen historisch-politischen und geistigen Defiziten vornehmlich der westdeutschen Provinzstädte seit dem 17. Jahrhundert hat die Kultur der bundesrepublikanischen Stadtlandschaft und Provinzen, wie sich nun herausstellt, eine Menge geerbt, vor allem ihre den Fremden noch immer verblüffende seltsame geistige Unbeweglichkeit, so daß man manchmal sogar glaubt, Heinrich von Kleists trostlose Beschreibung des bigotten Würzburg treffe nicht nur noch immer auf diese Stadt zu, sondern auf alle westdeutschen Städte, vor allem aber des Südens. Der Wegfall einer ihre aufgeblasenen Eitelkeiten und Lächerlichkeiten korrigierenden metropolitanen Beziehungsfigur hat inzwischen politische Folgen. Die Erosion des politischen Zentrums und seines Prestiges zugunsten einer Vielfalt von regionalen, eher wirtschaftlichen Ansprüchen denn politischen Interessen ist seit den achtziger Jahren weit fortgeschritten. Es ist inzwischen so weit gekommen, daß diese regionalen Exekutoren sich politisch ernster nehmen und ernster genommen werden als die Sprecher des Parlaments, als die zentrale Legislative und deren wichtigste Repräsentanten. Deshalb war der Einwand der mächtigsten sozialdemokratischen und konservativen Ministerpräsidenten gegen Berlin keineswegs nur als rollenbedingter taktischer Protest zu werten. Vielmehr war es die Angst der hedonistischen Provinz vor zukünftigen anderen Wertmaßstäben. Die litaneiartig wiederholte Warnung, mit einer neuen

Metropole werde die föderative Gleichgewichtigkeit der Republik bedroht, ist, nach dem Gesagten, gedanklich haltlos: Es existierte bisher gar kein Gleichgewicht, das den Namen verdiente: nämlich die Balance zwischen Ländern und Zentrale. Es gibt eine Ansammlung provinzieller Traditionen, denen bis heute jeder wirklich politische und intellektuelle Rang abging: Darin allein lag und liegt ihr Gleichgewicht. Die Aufregung darüber, daß dieses Gleichgewicht gestört werden könnte, indem ein neuer Bezugspunkt hinzutritt, gibt sich als ein heiliges Prinzip der Republik. Es ist in Wirklichkeit nur die kaum verhüllte Affirmation an die Provinz.

Dies wurde noch einmal im Bundestag vor aller Augen und Ohren dokumentiert in beinahe jeder für Bonn plädierenden Rede. Berlin gewann nicht nur, weil die Reden seiner Anhänger so herausragten, sondern weil die Reden der Bonner zweitklassig waren. So zweitklassig, wie die Mehrheit in den beiden großen Parteien noch immer denkt, was man auch jetzt nicht, nach der Entscheidung für Berlin, unterschlagen sollte. Auch wenn Blüms und Rita Süssmuths Worte fast rührend erschienen, die von Verheugen und Cornelia Schmalz-Jacobsen pragmatisch-vernünftig, so waren sie ihren Widerrednern, vornehmlich Schäuble, Thierse und Brandt, erschreckend unterlegen an Geist und politischem Format. Dieses Defizit ist kein zufälliges, der Schwäche der Redner sich verdankend, sondern aus der Sache kommend. Offenbar hat dies eine Reihe von Abgeordneten in letzter Minute verstanden und das Lager gewechselt. Daß dies möglich war, ist vielleicht das Wichtigste von allem gewesen: Die Entscheidung für die Metropole war kein Verwaltungsakt, kein Vollzug einer Abstimmungsnötigung, sondern die Erfindung eines lebendigen Parlaments, das ein Risiko einging.

Europrovinzialismus

Die Idee von Europa hat seit langem eine gewisse Logik für sich. Psychologisch ist sie für jemanden, der auch nur einen Hauch Erfahrung mit den tiefgehenden mentalen und kulturellen Differenzen zwischen den europäischen Nationen hat, so lange nicht überzeugend, solange diese Differenzen von den Verantwortlichen nicht erkannt werden. Das sozusagen nach-Webersche Argument sagt, die kulturelle Differenz liefe in der Moderne auf Null zu. Ein Vergleich zwischen Hochmittelalter/Renaissance und der technisch-industriellen Zivilisation des 19./20. Jahrhunderts zeigt jedoch, daß die europäischen Gemeinsamkeiten im ersten Beispiel (christliche Religion, Internationalität der Eliten) schon genauso stark waren wie andere Gemeinsamkeiten heute und dennoch die Ausdifferenzierung der kulturellen Unterschiede in Europa möglich war. Die These vom Verschwinden der Differenz scheint die dogmatische Konsequenz einer bloß soziologischen Sichtweise, die aus fachinternen Gründen quantifizierbare Größen (Familienstruktur, Berufsverhältnisse, Industrieentwicklung), nicht genügend aber qualitative (Bewußtseinstatsachen) ins Kalkül zieht.

Aber selbst wenn diese These langzeitlich wahrscheinlich würde, hülfe sie in der gegenwärtigen Situation nicht viel weiter. Noch weniger hat die deutsche Provinz, auch wenn sie nunmehr in friedlicher Absicht zu Hunderttausenden in die Gebiete ihrer Nachbarn einfällt, eine Ahnung von solchen Differenzen, schlimmer: Jahr für Jahr diese schönen Gebiete bereisend, glaubt die deutsche Provinz, Europa sei das richtige Maß, in dem sie aufgehen könne. Obwohl die Dringlichkeit von Europa als Gegengewicht gegen die USA um so größer wird, als die Sowjetunion vorerst als politischer und ideologischer Kontrapunkt ausfällt und obwohl der Gedanke eines neuartigen deutschen Nationalstaates ohne institutionelle Verankerung im Westen nicht akzeptabel ist, sind Zweifel anzumelden, ob die Voraussetzungen für eine politische Union, denn darum geht es im Kern, vorhanden sind.

*

Zunächst eine Erinnerung: Die deutsche Vorstellung von Europa hatte immer schon den Nachteil, daß sie idealistisch, aber verschwommen war. Sie ging schon vor der derzeitigen Diskussionsphase nicht von den konkreten sozialen, politischen und kulturellen Bedingungen der europäischen Staaten aus, sondern von einer vagen Vorstellung einer »kulturellen« Einheit des Kontinents, die seit jeher mehr ideologisch begründbar denn praktisch realisiert und realisierbar war. Diese notorische Verschwommenheit im Konzept hat komplexe Ursachen. Sicher ist sie auch eine Erbschaft jener mittelalterlichen »Reichs«idee, die vor allem mit den fortschrittlichen westeuropäischen Nationalstaaten nicht konkurrieren konnte, deren bürgerliche Freiheiten sich nicht zuletzt der nationalen Ausdifferenzierung mit Zentralregierung und Hauptstadt verdankten und ihren eigenen Interessen: Denn mit diesem nationalen Eigeninteresse eng verknüpft war die frühe Befreiung der jeweiligen Rechtsvorstellungen von theologisch-konservativer Bewachung zugunsten säkularer bürgerlicher und innerweltlicher Prinzipien. Das letztlich transzendente Principium des Heiligen Römischen Reiches exerzierte über Jahrhunderte deshalb eine historisch und politisch längst verbrauchte Idee, während die rational-progressiven, auf individueller bürgerlicher Praxis beruhenden Elemente auf der Strecke blieben, mit weitreichenden mentalen und politischen Konsequenzen überall dort, wo dieser quasireligiöse übernationale Einheitsgedanke bewußtseinsprägend war. Der mitteleuropäischen Idee habe ich immer eine westeuropäische Skepsis entgegengehalten. Die Pointe ist: England, in dem sich zivilisatorisch und machtpolitisch die römisch-griechische Erbschaft am Ende wie in keinem anderen europäischen Land variiert hat, verwarf seit jeher die kontinentale Idee davon, sei es »Karls-Preis« oder »Mitteleuropa«, und dachte noch immer an Indien und die See. Dort, wo Europas unverzichtbare Qualität, die parlamentarische Repräsentation, erfunden wurde, verwarf man jenes Europa, das die deutschen Kaiser, die spanischen Habsburger, die französischen Jakobiner, Napoleon, die italienischen Faschisten, die Nationalsozialisten sich vorstellten. Es gab nie eine europäische gemeinsame »Idee«, und das hatte und hat etwas mit parlamentarischer Praxis zu tun.

Es ist daher nicht verwunderlich, daß auch die derzeitige deutsche Europarede in den Ohren politisch bewußter Engländer oft nicht nur äußerst unklar oder naiv, sondern gleichzeitig auch in ihrer politischen Absicht verdächtig erscheint. In einem keine aktuellen Rücksichten nehmenden Essay im *Spectator* (22. Juni 1991), eben jener altliberal-elitären Wochenzeitschrift, die vor Jahr und Tag schon einmal mit dem Interview des Thatcher-Vertrauten Ridley Furore machte, stellt John Laughland, englischer Politologe an der Sorbonne, eine mittelbare Beziehung zwischen Genschers Europaidee und derjenigen der Nazis her, indem er die alte und neue Rhetorik einer deutschen Europamission, nämlich die Worte des Reichswirtschaftsministers Walther Funk oder des Reichsernährungsministers Darré mit aktuellen westdeutschen Emphatisierungen vergleicht und im Kern die »alte Falle« einer »umstandslosen Identifikation von deutschem Schicksal mit dem Europas« feststellt, um dann beifällig Bismarcks Bemerkung über der Deutschen Europasehnsucht zu zitieren: »Ich habe immer das Wort Europa auf den Lippen derjenigen gefunden, die von anderen Mächten etwas wollten, was sie nicht wagten, im eigenen Namen zu fordern.«

Des *Spectators* Auffassung ist nicht als gesuchte Bösartigkeit oder Exzentrik abzutun. Inzwischen werden solche Ansichten über Deutschlands europäische Inspiration auch in tagespolitischen Einflußsphären, etwa dem liberalen *Guardian*, mit nicht weniger Aggressivität geäußert. Nun ist es äußerst unfair, dem deutschen Außenminister subjektiv irgendwelche aggressiven Motive zu unterstellen. Objektiv hingegen gibt es tatsächlich Parallelen, die man deutscherseits zumindest erkennen muß, will Genscher sich nicht vorwerfen lassen, er rede von Europa, verstehe aber nichts von den Europäern, jedenfalls nichts von deren wichtigsten Bedingungen. Diese Gefahr ließ sich unlängst wieder erkennen, als der deutsche Außenminister kritischen Fragen europäischer Journalisten über dieses Thema im Fernsehen ausgesetzt war: Er schien nicht begreifen zu wollen, daß es gerade sein Anspruch auf deutsche Interessenlosigkeit war, sein Insistieren, alles geschehe im Namen Europas, nichts im Namen Deutschlands, was bei seinen polnischen oder niederländischen Gesprächspartnern, die ein besonders argwöhnisches Interesse an dieser Debatte haben, Verwunderung, Skepsis hervorrief. Wenn Genscher wirklich meint, was er in spezifisch schaumiger Manier sagte, dann wird die Sache so brenzlig, wie sie es immer schon war: Denn nur demjenigen wird vertraut, dessen Eigeninteresse deutlich artikuliert und verhandelbar erscheint. Wer sich dagegen salbungsvoll und missionarisch auf höhere Prinzipien beruft, um damit den politisch nicht Überzeugten zu beeindrucken, der macht aus einem politischen Handel eine Mission, deren Idealismus insofern etwas mit den zuerst imperialen, dann nationalsozialistischen Ideen von Europa zu tun hat, als auch diese sich anstelle eines konkreten politischen oder wirtschaftlichen Eigeninteresses gerne auf eine moralische oder kulturelle Idee beriefen.

Der Berufung auf das Übernationale haftet hierzulande immer noch die angedeutete verschwommene Metaphysik von Werten an, die völlig unsensibel ist gegenüber den Gefahren, die eine solche Superorganisation Europa für die politischen Interessen der einzelnen Bürger bedeuten könnte. Von daher das Defizit an genauen Vorstellungen von der Struktur eines zukünftigen europäischen Parlaments in seinem Verhältnis zu den Funktionen der nationalen Parlamente. Denn daß das Modell der USA oder der deutschen Länder überhaupt nicht taugt für das Verhältnis zwischen einer zukünftigen europäischen zentralen Legislative/Exekutive und den einzelnen europäischen Ländern, ist, soweit ich sehe, bisher in Deutschland nicht diskutiert worden. Und nicht deshalb, weil man das Problem verheimlichte, sondern deshalb, weil man es überhaupt nicht sah.

Es ist offensichtlich, daß die spezifische englische nationalstaatliche Tradition ein besserer Garant etwa für die parlamentarische Souveränität des Volkes ist als die deutsche supranationale Einheitsphantasie. Nur als englische hat sich die bis heute trotz zweifelhafter Repräsentation in vielem noch lebendigste legislative Versammlung der Welt, The House of Commons, entwickelt und seine jetzige Gestalt angenommen. Nicht erstaunlich, daß man dort deshalb um diese Tradition bangt angesichts der Brüsseler Unklarheiten über die Rechte eines zukünftigen europäischen Zentralparlaments. Nicht erstaunlich, daß man in Deutschland nicht bangt, weil die parlamentarische Tradition hier nur spärliche und nicht tiefreichende Wurzeln hat, ganz abgesehen von den Erosionen in der letzten Dekade. Unabhängig davon, ob man das im Umkreis Genschers wahrnimmt oder nicht: Das Veto jedes englischen Premiers, wenn er nicht Paddy Ashdown heißt, gegen den Verlust an politischer Souveränität, konkret: Verlust der außenpolitischen, verteidigungspolitischen und finanzpolitischen letzten Entscheidung, ist heute noch sicherer als gestern. Die Franzosen denken nicht anders, es sei denn, sie stellten in Permanenz den europäischen Präsidenten. Genschers Außenpolitik wird inzwischen überall mehr mißtraut als zu den Zeiten des Golfkriegs, man führt von Spanien bis Serbien eine Sprache, als befände man sich in den Hochzeiten der Nationalstaaten zwischen zwei Kriegen. Repariert wird das nur durch offiziöse Rhetorik, während die Proben aufs Exempel weiterhin scheitern.

*

Bis zu diesem Punkt gehört die deutsche Europarede zu der angedeuteten quasireligiösen Idee. Danach aber beginnt das Syndrom Provinzialismus eine Menge zu erklären: Der zitierte englische Kritiker erinnerte an die Provinzialität eines metropolelosen Landes, um das Motiv einer Sehnsucht nach größerer Integration zu erklären. Daß eine Nation, die alle ihre bis dahin wichtigen, zum Teil sehr heterogenen Identifikationen (Preußentum, deutscher Idealismus, jüdische Intelligenz, Bildungsidee, Reich, wissenschaftliche Sendung) verlor bzw. aufgab, nach dem zum zweiten Male verlorenen Weltkrieg auf eine übernationale Identifikation setzte, Churchills Europarede mit Enthusiasmus hörte und die frühe Europapolitik Adenauers, Schumans und De Gasperis als eine politische Utopie verstand, ist allzu verständlich und eigentlich zu unterstützen. Es ist aber auch daran zu erinnern, daß dieser Enthusiasmus von einigen Altnazis des ersten und zweiten Bonner Parlaments sofort emphatisch mitgetragen wurde, oder, der gewichtigere Einwand, daß dieser supranationalen Sehnsucht etwas Regressives anhaftete: Anstatt sich an eine eigene Verantwortung wieder zu gewöhnen, übertrug man sie für immer an einen Patron, der einem die größeren Entscheidungen abnahm. Inzwischen aber, seit den siebziger Jahren, ist die deutsche Europarede von einem neuen Element gekennzeichnet: einer trotz Tourismus und Informationszeitalter zunehmenden Ahnungslosigkeit von den politischen, strukturellen, kulturellen und psychologischen Differenzen der europäischen »Bruder«länder, eine Ahnungslosigkeit – das wäre der Anfang –, die beseitigt werden müßte, bevor man überhaupt europäische Ziele anvisiert.

Das kulturelle Interesse der für internationale Beziehungen noch immer wichtigsten Schicht – der akademische Nachwuchs im engeren Sinne und die Studentenschaft im weiteren – ist seit den siebziger Jahren belegbar in dem Maße zurückgegangen, wie sich die kulturell-institutionelle Neugierde und der »Erfahrungshunger« zugunsten der neuen Tendenz wandelte: »Bleibe im Lande und nähre dich redlich.« Wem es schon selbstverständlich war, die der Heimatstadt nächstgelegene Universität zu besuchen, dem mußte ein Studium in Paris oder in einer der alten oder neuen englischen, italienischen und spanischen Universitätsstädte wie ein reines Abenteuer erscheinen, das sich für die weitere Karriere, sei es im öffentlichen Dienst, sei es im freien Beruf, nicht mehr »auszahlt«.

Es kommt hinzu, daß die Anzahl der des Französischen Mächtigen seit einer Epoche deutlich zurückgegangen ist, eine weitere Schwundstufe bilateraler Kenntnisse, nachdem die nationalsozialistische Regierung 1937 Französisch als eine dem Englischen ranggleiche Sprache an allen höheren Schulen des Reiches abschaffte, ein Erlaß, der niemals revidiert worden ist, sieht man einmal vom alten Südweststaat oder dem Saargebiet ab. Die Unkenntnis des Französischen impliziert vor allem die Unkenntnis einer besonders intellektuellen nationalen Zivilisation, so wie die bessere Kenntnis des Englischen heute keineswegs mehr ein tieferes Verständnis der angelsächsischen Kultur, sondern allenfalls gewisse technisch-ökonomische Kenntnisse bedeutet, zumal viele jüngere Deutsche Englisch sofort als ein neues Esperanto, das heißt als amerikanische Busineß-Sprache, lernen. Dieses kulturelle Desinteresse mag auch damit zusammenhängen, daß die brutale Egalisierung der deutschen Gesellschaft vor und während der nationalsozialistischen Periode jene bürgerlichen Schichten schwächte, die traditionellerweise Kenntnis von und Umgang mit der anderen Kultur hatten und an ihre Kinder weitergaben. An die Stelle dieser Schichten mit differenziertem Sprachwissen und kultureller Erfahrung ist ein Massen- und Individualtourismus getreten, dem das spezifisch politisch-kulturelle Interieur der bereisten Länder, und seien es räumlich so nahe gelegene wie England und Frankreich, verschlossen bleibt und der – was noch unglücklicher ist – ein oberflächliches Bild von gewissen Ähnlichkeiten nach Hause bringt.

Es zeigt sich, inwiefern der neue Europrovinzialismus, wie wir das Phänomen nennen wollen, einem merkwürdig ironischen Circulus vitiosus entspringt: Zunächst verhindert der radikale Einbruch an kultureller und politischer Erfahrung des fremden Landes eine angemessene Einschätzung der dort herrschenden Bedingungen, und diese falsche, selbstzufrieden-provinziell eingefärbte Einschätzung wiederum verhindert eine Revision dieser Schwäche. Man stelle sich ein Treffen deutscher und englischer Bankiers vor: Solange die Reden die finanziellen und wirtschaftlichen beiderseitigen Interessen englisch und deutsch feiern, ist alles eitel Harmonie und voll guten Humors. Sobald der offizielle Teil aber zu Ende gegangen ist, stellt sich allmählich ein peinsames Schweigen ein, weil der englischen Spontaneität, Farbigkeit und Nuanciertheit der Rede auf deutscher Seite nichts Äquivalentes auch nur von ferne entsprechen könnte, sondern nur die schwerfällige Konventionalität verunsicherter höherer Angestellter: Sie beherrschen auch ihre eigene Sprache nur in einem technischen, nicht in einem expressiven Sinne.

Man stelle sich einen begabten deutschen Studenten vor,

mit französischen Vorlieben, der voller Spannung in sein erstes Semester bei einer der Pariser Theoriegrößen geht. Als dieser seine Vorlesung beendet hat, erwartet der deutsche Gast die Diskussion zwischen dem Gelehrten und den selbstbewußtesten seiner Schüler. Nichts dergleichen. So ergeben das Gesagte dort notiert wurde, so ergeben ging man auseinander. Die erste Erklärung, es handle sich um eine Art Takt gegenüber einem sensiblen Denker, dessen Gedanken zunächst einmal überdacht werden müssen, bevor Fragen überhaupt laut werden können, trügt: Die gleiche Haltung diskussionsloser Erbötigkeit wiederholte sich angesichts einer äußerst konventionellen Vorlesung eines äußerst konventionellen Professors. Die Enttäuschung des deutschen Studenten hatte nach einem Jahr des Stipendiums den Höhepunkt erreicht: Kein Wunder, daß bei solch einem Universitätssystem die Innovation auf der Strecke blieb und der unbefragte Traditionalismus Triumphe feierte. Wie und wo immer Frankreichs Intellektuelle ihre Begabung entwickelten, sicherlich nicht in einem solchen Universitätssystem. So die Summa des westdeutschen Gastes; er freute sich wieder auf Berlin.

Verweist das erste Beispiel auf eine spezifische Schwäche des Ausdrucksvermögens einer bestimmten Klasse von höheren Angestellten, ja der meisten Angehörigen der westdeutschen Mittelschichten, so das zweite auf eine spezifische Stärke der Argumentationslust und Respektlosigkeit vor Traditionen bei den westdeutschen Studenten. Das sind keine beiläufigen Unterschiede und Nuancen, sondern dramatische Differenzen, die einem wirklichen Miteinander-umgehen-Können vorerst im Wege stehen. In ihm artikuliert sich die Basis des Problems: Sprachlosigkeit! Nach hundert Jahren Bemühungen der europäischen Schulen ist diese Sprachbarriere eher noch höher geworden. Solange das aber nicht gewußt wird, weil die technokratischen Gemeinsamkeiten und vordergründigen Analogien und Gewohnheiten die optische Täuschung von einer allmählich auf Null zulaufenden Gegensätzlichkeit versprechen, solange wird es unüberwindbare Probleme im Alltag gemeinsamer Politikversuche geben.

*

Die eigentliche Achillesferse ist die Differenz der kulturellen Systeme, die zu leugnen gang und gäbe geworden ist. Gemeint sind nicht die Regiepraktiken an der Hamburger oder Pariser Oper, sondern die Mentalitäten der intellektuellen Schichten. Nirgends ist England noch immer englischer als in den Worten seiner führenden Schriftsteller, Maler oder Schauspieler. Der Internationalismus eines – sagen wir – Stephen Spender oder Peter Brook kann nicht darüber hinwegtäuschen, daß von Virginia Woolfs Bloomsbury über Evelyn Waughs wunderbare Nostalgie bis zu Harold Pinters und John Osbornes Aggressivitäten in England noch immer eine Sprache, eine Haltung und Intellektualität exerziert wird, die wenig mit der Sprache westdeutscher Intellektueller, Künstler und »Autoren« zu tun hat. Man versteht sich letztlich nicht, auch wenn man ab und wann auf Kongressen gemeinsame Adressen verabschiedete. Darüber hinaus pflegt Englands Intelligenz, jedenfalls eine Reihe ihrer führenden Köpfe, einen spezifischen, ausgesucht aggressiven Chauvinismus, den hier im einzelnen zu belegen nur mißverständlich wäre. Was dabei entscheidend ist, scheint dieses: Mag es pragmatische Gründe geben, die es Londons Geldleuten und der wirtschaftlich interessierten neuen Mittelschicht im Lande allmählich vorteilhaft erscheinen läßt, »in Europa« zu bleiben, so ist ganz unübersehbar, daß in den eigentlichen Nervenzentren der kulturellen Nation psychologisch-mentale Elemente vorherrschen, die noch immer eine unendliche Distanz zu Europa herstellen. Darin trifft sich die geistige Elite mit der Arbeiterschaft, auch wenn diese nicht mehr mit Yorkshires exotischem, dem Kontinent abgewandten Working-class-Pathos der siebziger und frühen achtziger Jahre identisch ist: aber gewiß, die Engländer!, das hat man irgendwie gewußt, das werde noch ein weiter Weg. Wie auch immer – entscheidender sei doch etwas ganz anderes: die längst vollendete »Freundschaft« zwischen Deutschland und Frankreich als Achse des neuen Europa! Dieser Einwand verkennt, daß es sich um eine rein ideologische Formel handelt, ohne Realitätsgehalt, ein Faktum, von den dafür zuständigen Kulturfunktionären lange geheimgehalten. Die Publikation *Esprit/Geist* von Robert Picht und Jacques Leenhardt ist einer der wenigen konkreten Aufklärungsschritte auf der institutionellen Ebene.

Man kann ja mit dem Pariser Soziologen und Champion der deutsch-französischen Beziehungen Alfred Grosser gegenüber der Seriosität des habituell engagierten Pariser Schriftstellers Bernard-Henri Lévy Zweifel anmelden, aber für dessen Beschreibung der deutsch-französischen intellektuellen Beziehungen als nichtexistierend lassen sich massive Belege finden. Umgekehrt ist die Gleichgültigkeit der einstmals Paris romantisierenden jungen Deutschen geradezu ein neuer Kulturfaktor geworden. Es ist kein Zufall, daß die in Berlin erscheinende Zeitschrift *Lendemains,* die sich vor allem dem Gespräch der Romanisten beider Länder widmet, nach Revolutionsjahr und deutscher Vereinigung mit tiefer Resignation feststellte, daß Deutschlands und Frankreichs Intelligenz vollends auseinandergedriftet seien. Ausführlich wird dabei (Nr. 55/56, 1989) der Haßerklärung eines charakteristischen Pariser Intellektuellen gedacht, Philippe Sollers', des Mitbegründers von *Tel Quel,* dem angeblich alles, was wirklich deutsch erscheint, barbarisch vorkommt, einschließlich Goethes. Michael Nerlich, einer der Herausgeber der Zeitschrift, ist empört über die Primitivität solchen Deutschenhasses und verwundert, daß Sollers einem Goethe oder Thomas Mann Autoren wie Heine, Freud oder Kafka vorziehe, die er offenbar nicht als deutsche Autoren lese.

Ich möchte nun nicht Sollers vor der verständlichen Indignation von *Lendemains* in Schutz nehmen, sondern an diesem Konflikt selbst wiederum nur das paradigmatische Mißverständnis erkennen. Wieso akzeptiert die Berliner Zeitschrift nicht, daß einem Sollers die Sprache Kants, Goethes oder Thomas Manns einerseits »auf den Geist geht«, die Sprache der genannten anderen Denker und Dichter dagegen höchst anziehend ist und darin als quasi nicht mehr deutsch erscheint? Die Auswahl ist doch sprechend genug und zeugt von keinem schlechten intellektuellen und literarischen Geschmack, und es gibt tatsächlich in Deutschland schon wieder eine Goethe- und Thomas-Mann-Gemeinde, die einem peinlich, sogar anrüchig sein darf.

Offenbar hat Sollers etwas gegen das angestrengt Höhere des Geistes einer bestimmten deutschen idealistischen Tradition. Er teilt dies mit Marguerite Duras und vielen anderen der zeitgenössischen jüngeren und älteren Pariser Intelligenz. Ist das eine intellektuelle Infamie? Daß Nerlich dies offenbar dafür hält, daß er Sollers' Ausbruch nicht versteht, dies eben markiert die noch immer nicht überstiegene Grenze, von der hier die Rede ist. In der Sardonik des einen und dem Idealismus des anderen kann man schon eine Ursache der nicht gemilderten, sondern sich akkumulierenden Entfremdung erkennen. Diese entfaltet sich noch einmal von ihrer rührenden Seite, wenn Nerlich allen Ernstes vorschlägt, die Kluft könne durch organisierte Arbeitssitzungen »zwischen Günter Grass, Christa Wolf, Siegfried Lenz« und französischen Schriftstellern angegangen werden (*Lendemains,* Nr. 58, 1990), wozu offensichtlich nicht Sollers gehören sollte und solche, die einen ähnlichen Geschmack haben.

Ein herausragendes Beispiel für die Richtigkeit wenn

nicht der Diagnose, so doch der Zustandsbeschreibung von *Lendemains* war der Ablauf jener mit viel Ehrgeiz und intellektuellen Investitionen vorbereiteten Pariser Konferenz deutscher und französischer Philosophen Mitte der achtziger Jahre. Es ging unter anderem um einen Gesprächsversuch zwischen Vertretern der Frankfurter Philosophie und Derrida. Es endete, wie absehbar, im Nichtverstehen, um nicht zu sagen Desaster. Das blieb zwar innerhalb einer geschlossenen Gesellschaft, aber mit nachwirkenden Folgen, die sich nicht zuletzt im Streit um Paul de Man wiederholten, als der in diesem Streit Partei nehmende Derrida seine Verletztheit sowohl in öffentlichen Briefen an die Adresse seiner deutschen Kritiker als auch in privaten Briefen zum Ausdruck brachte. Diese emotionellen Ereignisse im Hintergrund einer wissenschaftlichen Diskussion sind die Zeichen einer tiefen Entfremdung zwischen deutscher und französischer Intelligenz, sofern es die prominenten ästhetisch-erkenntnistheoretischen Probleme, aber auch solche der Ethik und der Anthropologie betrifft. Die Paradoxie dabei ist bekanntlich, daß die französische Theorie, um die es hier geht, deutsche, das heißt »irrationale« Denkansätze neu besetzt, sie aber in ihrer Weise, nämlich antimetaphysisch, weiterentwickelt.

Manfred Frank, der gewiß engagierteste deutsche Kenner der französischen poststrukturalistischen Philosophie, hat 1988 den Versuch unternommen, am Beispiel von Habermas' Kommunikationstheorem und Lyotards prinzipieller Bestreitung einer solchen Kommunikationsmöglichkeit, das Schweigen zwischen deutscher und französischer Philosophie zu unterbrechen. Was sich als Vermittlungsversuch ausgab, war jedoch abermals ein schlagendes Dokument für die »Grenzen der Verständigung« (so der Titel des Essays). Und dies nicht so sehr deshalb, weil sich Frank eindeutig auf die Seite von Habermas schlug, indem er Lyotard eine falsche Wittgenstein-Lektüre vorwarf und gegen den Franzosen das schon von Habermas gegen Nietzsche und dessen geistige Nachfolger verwandte Argument des »performativen Selbstwiderspruchs« ins Feld führte, sondern weil er a priori von einem anderen Bewußtseinsterrain aus operierte, was sich aus einer intellektuell-kulturellen Differenz erklärt. Franks Vorwurf an Lyotard ist der einer »zynischen Tendenz, Tatsächliches im Redegestus des Seinsollenden vorzutragen«; wobei die Umkehrung des Satzes diese Differenz aufs klarste beleuchtet: daß Frank und die deutsche Philosophie seit jeher die idealistische Tendenz hatten, Seinsollendes im Redegestus des »Tatsächlichen« vorzutragen. Diese Differenz klaffte schon zwischen Voltaire und Leibniz, wiederholte sich auf banaler Ebene zwischen Sollers und Nerlich. Erläutert wird diese Differenz zusätzlich, wenn Frank glaubt, Lyotards »Skepsis« mit dem Begriff Schleiermachers davon charakterisieren zu können. Als ob man dem Pariser Intellektuellen nicht einen gegenüber dem deutschen romantischen Hermeneutiker erweiterten Erfahrungsgrund zubilligen müßte, nicht zuletzt im Existentiellen. Aber gerade hier steckt für Frank die letzte Fragwürdigkeit Lyotards. Das Tischtuch blieb zerschnitten. Wer dabei die provinzielle Position bezog, ist offensichtlich: der Vertreter des deutschen Idealismus.

Das Geschilderte ist sicherlich, was die Menge der Betroffenen angeht, eine marginale Affäre und die hier angesprochene französische Theorie hat ohnehin im eigenen Land einflußreiche Gegner im Lager der neomarxistisch und historistisch geprägten Intelligenz, zumal die Vertreter der sogenannten neuen französischen Philosophie Außenseiter des akademischen Betriebs sind. Aber als Symptomwert ist diese Debatte nicht marginal: Mögen Fachkonferenzen zwischen Philologen, Soziologen, Medizinern und Kunstkritikern beider Länder einträchtig und ergebnisreich ablaufen, so besagt dies wenig für unsere Frage. Was dagegen bei unserem Beispiel zum Vorschein kommt, ist etwas Substantielles, nicht relativierbar als eine vorübergehende Spannung, sondern eine immer schon anwesende Unversöhnbarkeit des geistigen Temperaments, der psychischen Chemie. Wahrscheinlich ist dies im Zeitalter Sartres verdeckter geblieben, das gleichzeitig noch die Epoche war einer gutgemeinten neuen Nachkriegsversöhnlichkeit auf seiten der Franzosen, einer nicht nachlassenden Faszination durch die Pariser Szene deutscherseits.

Es ist die heimliche Ironie der letzten Phase vor einer angestrebten europäischen Vereinigung, daß das Wort von der deutsch-französischen Freundschaft sich als eine propagandistische, ideologische Formel herausstellt, von Politikern, Politologen und Kulturfunktionären aufgrund mangelnder sprachlicher und psychologischer Sensibilität sogar unbemerkt. Die heftige Reaktion von Oskar Lafontaine auf Lévys Behauptungen belegt das aufs schönste. Offenbar verwechselt er seine zweifelsohne guten Erfahrungen mit Frankreichs Landschaften und Weinen und vielleicht auch persönlichen Gesprächen mit einer gelebten Beziehung zwischen den Völkern, und sei es auch nur einer zwischen ihren repräsentativen Gruppen. Aber es geht hier nicht um solche individuelle Verkennung der Situation. Vielmehr kündigt sich im Europrovinzialismus, im heiteren Übertragen netter Ferieneindrücke auf das wirkliche Gesicht des anderen eine spezifische, ihrer selbst nicht bewußte Taktlosigkeit an, die ins Brutale gehen kann. Es ist brutal, nicht zu spüren oder zur Kenntnis zu nehmen, daß die Mentalitäten unterschiedlich sind, und diese Brutalität herrscht vornehmlich im deutschen Berufsgetto der offiziell mit der Beziehungsfrage Beauftragten noch immer vor. Es gibt noch immer den Boche, gerade wenn er versöhnlerisch auftritt.

*

Wenn die wesentlichen Aspekte des Vorgebrachten stimmen, dann impliziert deren Nichtbeachtung durch den Europrovinzialismus vor allem eines: eine rein technokratische Konzeption vom Zusammenbringen des politisch und kulturell noch nicht Zusammenbringbaren. Nicht nur die Politiker, auch die beteiligten Politologen, Soziologen argumentieren technokratisch: Es handelt sich bei ihrer Konstruktion Europas um eine Art utopisches *social engineering*, nach dessen Maßgabe in den sechziger Jahren jene famosen Hochhäuser gebaut wurden, in denen inzwischen die Insassen sozial und psychisch verelenden. Ausgeschlossen wurden bei der Europa-Konstruktion die psychologischen und kulturellen Faktoren. Die Technokratie gibt sich gerne romantisch und setzt als Utopie die Vereinigten Staaten von Amerika. Daß diese auf der Basis einer gemeinsamen politischen Idee, einer gemeinsamen Sprache und einer gemeinsamen Geschichte frühzeitig zusammenfanden, nachdem ihre Identität als angelsächsisch geprägte Kolonien ohnehin nie in Frage stand, wird unterschlagen oder nicht bedacht, weil es die Differenz, von der endlich zu reden wäre, von der aber nicht geredet werden soll, scharf ausleuchtet. Es wäre an der Zeit, daß der westdeutsche Europrovinzialismus die angedeuteten Probleme endlich wahrnähme und Konsequenzen daraus zöge. Vor allem müßten Slogans wie »deutsch-französische Freundschaft«, »deutsch-polnische Aussöhnung« oder »Haus Europa« als gutgemeinte ideologische Rede durchschaut sein. Solche Zwangsbegriffe wirken leicht erpresserisch, da man auf Distanz Wert legt und nicht »befreundet« sein noch sich »aussöhnen« will, sondern normale, durchschaubare, emotional möglichst wenig belastete Beziehungen wünscht. Völker sind ebensowenig »befreundet« wie Bewohner in einem Großstadthaus. Man grüßt sich, man nimmt Rücksichten aus gemeinsamen Interessen. Hinter der deutschen Rede vom »Haus Europa« verbirgt sich eine unindividualistische, kollektiv sentimentale, eben abermals provinzielle Fasson, über Öffentliches zu reden, wie man es im Westen nicht mag (sondern nur in der Sowjetunion).

Wenn der durchschnittliche Besucher inzwischen die Chance hat, das Benehmen westeuropäischer Großstädter, die er kennenlernte, als distanziert zu erleben, indem er nicht auf die von ihm selbst praktizierte »Herzlichkeit« trifft, dann hat er eine unprovinzielle europäische Erfahrung gemacht; leider machen unsere Politiker solche Erfahrungen nicht mehr, sondern ihr provinzielles Vorurteil verfestigt sich, indem sie das von ihrem europäischen Konterpart angebotene »Du« mit Europa verwechseln. Dieses ist nicht an irgendeiner »Idee« zu verifizieren, sondern an dem eingangs genannten Kriterium: an der Möglichkeit einer parlamentarischen Praxis; am besten verstehen dies noch immer die Engländer, die nicht von ungefähr Skeptischsten. Erst wenn diese Skepsis konstruktiv eingesetzt wird, hat man den vorherrschenden Europrovinzialismus, der glaubt, auf diese Skepsis verzichten zu können, abgelegt.

Physiognomik als Erkenntnis

Zum Phänotyp deutscher Politik

Daß vom Äußeren aufs Innere zu schließen ein Fehlschluß sei, ist seit der Kritik von Lavaters *Physiognomik* so etwas wie ein intellektuelles Gebot. Um so mehr, als über die Defizite der Lavaterschen Theorie hinaus die Gleichsetzung von Innen und Außen weitere Unschlüssigkeiten offenbart: Einmal wird sie – wenn auch fälschlicherweise – assoziiert mit der binären Verkoppelung von schön und gut in der platonisch-hegelschen Tradition. Diese Verkoppelung ist in der Tat endgültig überholt, spätestens seit man vor zweihundert Jahren das Schöne im Häßlichen entdeckte, also in den verschiedenen Ästhetiken des Erhabenen. Zum anderen aber – und das bringt das Spiel mit der Außen-Innen-Gleichung in den eigentlich aktuellen Mißkredit – wird dahinter eine Art psychologischer Rassismus, eine besondere Sorte elitären Determinismus entdeckt, dem demokratischen Apriori von der Gleichheit der Menschen zuwiderlaufend.

Mag man schon die Ungleichheit im Äußeren nicht leugnen können, so ist daraus auf keinen Fall die Ungleichheit im Inneren zu folgern: Was kann der Mensch für sein Aussehen, das ihm deterministisch über Generationen zuwuchs? Nicht zuletzt die üble Rolle, die die rassistische Verleumdung in der völkischen und nationalsozialistischen Karikatur gespielt hat, muß die Innen-Außen-Gleichung zwingend desavouieren. Und hieran schließt sich auch die Erfahrung an, daß in einer Gesellschaft von Vornehmen jede Art von Qualifizierung äußerlicher Markanz unstatthaft ist: Der Satz, Höflichkeit ist eine Tugend der Könige, beinhaltet denn auch die Erkenntnis, daß nur dort, wo Selbstsicherheit über die Regeln herrscht, die Akzeptanz des Fremden möglich ist.

Nun verhält sich die Sache natürlich komplizierter, und die rational-aufgeklärte Kritik am scheinbaren Fehlschluß entpuppt sich auch als ein Tabu. Als, wie man am aktuellen Beispiel unseres prekären Themas schon vorwegnehmen kann, Tabuzone erster Ordnung! Denn wir kennen ja auch die Umkehrung des Satzes, wonach der Mensch sehr wohl für sein Aussehen einzustehen habe, ganz im Sinne jener berühmten Definition von Buffon: Der Stil ist der Mensch selbst.

Die Büsten, die von Caesar und Octavian, dann Augustus überliefert sind und die dem europäischen Neuhumanismus als erste Exempel des Politikers als Gentleman galten, lassen erkennen, daß die frühen Gestalten des julisch-claudischen Hauses von anderem Geiste waren als die sittlich verkommenen Nachfolger Caligula und Nero, deren Büsten, ebenso idealisiert, dennoch etwas erzählen vom plötzlichen Vorschießen reiner Physis über Geist und Charakter. In diesem Sinne hat noch die moderne künstlerische Charakteristik gearbeitet, seien es die Personenbeschreibungen bei Balzac oder Dickens, sei es die politische Karikatur des 19. Jahrhunderts, sei es die Groteske von George Grosz. Vor allem letzterer hat in seinen furchtbaren Nachempfindungen deutscher Gesellschaftstypen des frühen 20. Jahrhunderts das Prinzip Außen = Innen berühmt gemacht: die Speckfalte des Nakkens = der neureiche Fabrikant, das Grinsen im schmalen Totenschädel = der adlig-sadistische Militär.

Diese expressionistische Wiederbelebung von äußeren Symptomen als Zeichen von inneren, die Benutzung des symbolischen Zeichens für eine negative Qualität ist von Gottfried Benn 1941 in seinem Essay *Kunst und Drittes Reich* mit der ihm eigenen Brutalität zugespitzt worden: »Kleinbausiedlungen, darin subventionierten, durch Steuergesetze vergünstigten Geschlechtsverkehr; in der Küche selbstgezogenes Rapsöl, selbstbebrüteten Eierkuchen, Eigengraupen; am Leibe Heimatkurkeln, Gauflanell und als Kunst und Innenleben funkisch gegrölte Sturmbannlieder. Darin erkennt sich ein Volk.«

Man muß den Satz von der Nichtgleichung von Innen und Außen schon deshalb aufheben, weil nur der sensuell ganz Unempfindliche übersehen kann, in welch drastischer Weise das Bild vom häßlichen Deutschen sich in den Physiognomien unserer Politiker wieder verkörpert. Archetyp des dramatisch abstoßenden, den Boche in aller Furchtbarkeit noch einmal vorexerzierenden Typus war natürlich Franz Josef Strauß. Wer Auftritte dieses Mannes auf der Bonner Rednertribüne oder im bayerischen Lande, von ihrer zweifellos rhetorischen Brillanz einmal abgesehen, auf ihre demagogische Bedrohlichkeit in Vokabular und Mimik analysiert, wer Fotografien von Festivitäten im Kreise seiner politischen Adepten und Milieufreunde erinnert, der wird nicht mehr zögern, die ins Bild kommenden Gesichter – enthemmt im Trunk, dröhnend im Wort, oft brutal im Ausdruck – als adäquate Zeichen einer westdeutschen Nachkriegsgesellschaft und eines sie vertretenden Politikertyps zu verstehen, die durch Skandale und mafiose Beziehungsstrukturen charakterisiert waren.

Die von Alkohol aufgedunsenen, in Völlerei entglittenen Gesichter vieler bürgerlicher Politiker, die den Gauleiter-Physiognomien so schrecklich gleichen – Fassbinder hat sie in einschlägigen Filmen noch einmal vorgeführt –, lassen sich heute als die Antwort der westdeutschen Gesellschaft auf das staatsterroristische Regime der Mielke und Ulbricht e tutti quanti lesen: hemmungsloser Konsum. Ein geistiges Gegenprogramm hatte man nicht, das blieb einer moralischen Elite vorbehalten, deren großbürgerlicher Ausdruck den schwitzenden Phänotyp des deutschen Politikers um so mehr kommentiert: der Weizsäcker-Habitus – man verfügt über Gesicht, Stil und Sprache; in westeuropäischen Politikerkreisen – man prüfe es im Detail nach – stellt dieser Typus noch immer die Regel dar, aber nicht hier. Insofern ist der amtierende bayerische Ministerpräsident auch äußerlich ein Bruch mit der physiognomischen Tradition des Landes.

Aber was ist mit dem sich seiner großbürgerlich-eleganten Herkunft nicht entschlagenden Markus Wolf, der das System menschenverachtender Kontrolle und Unterdrückung nicht weniger vertreten hat als sein Chef, der mit den klassischen Blockwartzügen ausgestattete mörderische Spießer Mielke? Und verbürgt die Soigniertheit eines Klaus von Dohnanyi eo ipso die Intelligenz, die politische Intelligenz, die ihn tatsächlich auszeichnet? Es geht hier also nicht um eine einfache, sondern komplizierte Zuordnung von Äußerem und Innerem. Unübersehbar ist, daß Wolfs Physiognomie noch etwas anderes verrät als den brutalen Kadavergehorsam des Blockwarts und daß Dohnanyis theoretische Agilität einem Blüm dringend zu wünschen wäre: Insofern sind auch Dohnanyi und Wolf Repräsentanten einer im politischen Deutschland untergehenden Spezies.

Es ist evident, daß in der deutschen Politik, West wie Ost, das Kleinbürgertum den Ton angibt. In der athenischen Demokratie war es Kleon, der schlaue und skrupellose Anwalt der Bedürfnisse des kleinen Mannes, der diesen Typus zum ersten Mal bedrohlich darstellte. Der Komödiendichter Aristophanes hat uns aus konservativem Ethos eine Parodie Kleons geliefert, die dennoch den wahren Kern des Demagogen enthält.

Unser neuer Kleon war in harmloser, aber nicht weniger schädlicher Fassung Blüm (die bedrohliche ist Lafontaine). Über ihn ist nichts weiter auszudrücken als die Verwunderung, daß eine Partei, die einmal von den Nachkommen rheinischer Bürgerlichkeit geführt wurde – von Adenauer bis Pferdmenges –, sich so lange durch diese Version rechter kleinbürgerlicher Sozialdemokratie in ihren eigenen Reihen vertreten läßt. Das Kalkül, damit den kleinbürgerlichen Massen näherzukommen, ist das eine. Es ist aber auch ein Zeichen, daß zwischen der Elite der westdeutschen Wirtschaftsführer und der politischen Macht in Bonn unter dem hier diskutierten Kriterium eine radikale Differenz besteht, die gar nicht mehr übersehen werden kann: eben die Differenz in Physiognomik, Stil und Rede.

Jedenfalls ist es offenbar so, daß der am Beispiel Strauß skizzierte Phänotyp in der westdeutschen Wirtschaft, in Industrie und Bankkreisen kaum noch auftaucht. Der letzte war der von der RAF ermordete Schleyer. Gleichzeitig scheint der in Wirtschaftskreisen bevorzugte Typus sich immer schon dafür entschieden zu haben, nicht in die Politik zu gehen. Warum eigentlich nicht? Nun ja, es gäbe dafür eine Reihe guter Gründe. Ein Grund aber, den schlechten, findet man mit Sicherheit in der Physiognomie der heute vorherrschenden Politiker.

Die physische und stilistische Erscheinung des fünfzehn Jahre amtierenden Kanzlers war so sehr zum Selbstverständlichen unser aller Alltag geworden, daß von ihr als Provokation zu reden fast schon wieder geschmacklos erscheint. Kohls Körper ist noch immer der Körper der Bundesrepublik. Statt jenes früheren biderben Lächelns, das seinem psychischen Ausdruck nach als ein Grinsen aufgefaßt werden mußte, ein Grinsen zwischen Unsicherheit und Schadenfreude, ist nun Unbeweglichkeit der vorherrschende Ausdruck. Wenn man nicht die Riesensilhouette der Mutter erkennt, die in der Küche unentwegt für die Kinder vom großen Laibe Brotstücke abschneidet, immer dasselbe Brot, Tag für Tag, seit Jahren.

Mit anderen Worten: Kohls jeder geistigen Wahrnehmung widersprechende Körperlichkeit – im Unterschied zur Leiblichkeit Bismarcks oder Churchills – ist aus dem Status des rein Physischen herausgetreten und hat eine symbolische Qualität angenommen, die – anders als die Straußsche –

nicht mehr bloß schiere Begierde, nicht bloß Vorschießen der reinen Physis über den Geist, sondern eine Art von Metageist selbst darstellt: den Geist der Geistlosigkeit. Mit Adenauers sprichwörtlicher Einfachheit hat das nichts zu tun – heute gibt es keine analytische Bewegung, keine innovatorische Wahrnehmung mehr. Die offensichtliche Problematik unserer Institutionen – angefangen mit dem politisch überforderten Bundesverfassungsgericht bis zum eigentlichen Problem, dem jede politische Entscheidung inzwischen legal verhindernden Bundesrat – bewegt diesen Geist der Geistlosigkeit nicht mehr. Die normative Kraft des Faktischen wird von ihm nicht gedacht, sondern dargestellt. Aber gerade darin transzendiert er die schiere Inkompetenz, die eigentlich ihrem Amt und den aktuellen Herausforderungen nicht gewachsen war, zum Symbol. In Kohl drückte sich die Unfähigkeit einer ganzen Gesellschaft – nicht zuletzt auch seiner Intellektuellen – zum dynamischen Infragestellen überkommener Glaubensinhalte aus, wenn diese nicht mehr funktionieren.

Die Reduktion gedanklicher Bewegung auf die angeblich vorrangige Pragmatik des psychisch Ewiggleichen, wie sie die Kohlsche Rede seit jeher kennzeichnet, hat etwas Grauenhaftes, ist aber heute ein Charakteristikum der bundesrepublikanischen Atmosphäre: Woraus sich auch erklärt, daß der beschriebene Phänotyp nicht Gegenstand der intellektuellen Kritik wird. Man könnte das inhaltlich erläutern: vom Ressentiment gegen das Eliteprinzip bis zur politischen Gesinnungsethik. Aber hier geht es um das formale Indiz.

Der berühmte Satz, es komme darauf an, »was hinten herauskommt«, wird mittlerweile von ebenso banalen Setzungen führender SPD-Politiker variiert. Insofern hat das physische System Kohl als symbolischer Ausdruck der Geistlosigkeit in der Politik einer inzwischen sich überall durchsetzenden Einsicht zum Sieg verholfen – auf kohlisch: »Es geht auch so.«

Was in Sprache gefaßt heißen soll: Staatsführung ist auch ohne theoretisches Training in elitären Hochschulen – sei es die Pariser ENA, sei es die London School of Economics – möglich. Kohl ist die Inkarnation der Ansicht, theoretische Sublimierung habe ihre Tage hinter sich. Es gebe überhaupt keine Theorie über das Leben mehr, nach der man leben könne, man müsse eben nur leben. Insofern hat die Kohlsche Wiederholung des Slogans, es falle ihm zu diesem oder jenem nichts mehr ein, keine metaphorische, sondern buchstäbliche Bedeutung: Dem System Kohl kann notwendigerweise zu nichts etwas einfallen. Und indem ihm nichts einfällt, indem er vor jedem Einfall gefeit ist, hat er die Qualität eines natürlichen Phänomens, an das sich die Deutschen halten: Es ist die Natur selbst. Die lebt auch ohne zu denken.

Auch über die Gesichter der wichtigsten Minister wäre im Vergleich etwas zu ihren französischen oder britischen Kollegen physiognomisch zu spekulieren. Dabei zeigt die Physiognomik abermals ihre Komplexität: Bei Strauß und Kohl ist die Evidenz eines gewissermaßen archaischen Ausdrucks von geistferner Körperlichkeit eindeutig jedem vermittelbar, während im Falle jüngerer Politiker das Eindeutige verschwimmt. Abwesenheit von Finesse, Mangel an Artikulation ist offenkundig; eine merkwürdige Verwaschenheit der Züge läßt das Auge vergeblich nach Artikulation suchen.

Diesen physiognomischen Überlegungen geht es nicht um die Frage, ob deutsche Politiker besonders häßlich oder dick seien. Die These zielt auf die Politik selbst: daß hierzulande Politiker und Politik gewissermaßen keine Gestalt haben. Als Beispiel mag Rühe dienen. Wenn er unter Bedrängnis gerät, beginnt sein Gesicht zu zerfließen, alle Kontur zu verlieren, seine Gestik wird fahrig, sein Ausdruck larmoyant. Ähnliches ließe sich von anderen sagen. Hier fällt das Kohlsche Prinzip der Einfallslosigkeit mit dem der bundesrepublikanischen Politikängstlichkeit zusammen. Das ist der geheime Grund, warum sich die meisten Intellektuellen mit Kohl abgefunden haben: Seine Dumpfheit erscheint ihnen als Garant des politisch Ungefährlichen, und das ist ihnen, die »den Deutschen« nicht trauen, das wichtigste.

Wir wollen das hier nicht vertiefen, sondern nur soviel sagen: Innen und Außen entsprechen sich aufs schönste. Das liegt auch daran, daß diese Physiognomien, dies wohl eine deutsche Besonderheit, expressiv im Eindeutigen sind, das heißt wenig enigmatische Züge besitzen. Diese Eigenschaft der Eindeutigkeit ist im Falle deutscher Schauspieler seit der expressionistischen Stiltradition ein großer Nachteil* – vor allem in der Konkurrenz mit bedeutenden angelsächsischen Kollegen, deren Thrill sehr oft von der Zweideutigkeit des Ausdrucks lebt. Physiognomien, die sofort alles aussprechen, weisen auf eine gewisse Disziplinlosigkeit zurück, die hierzulande seit langem Schule gemacht hat: Die Unfähigkeit zur Maskerade, der Mangel an Distanz, der Drang, sich auszusprechen, sind tausendfach die Handschrift der deutschen Zivilisation geworden, zu der Norbert Elias das Einschlägige gesagt hat.

Nun könnte man das Ganze als zwar ästhetisch bedauerliche Deformation des öffentlichen Wesens der Bundesrepublik beklagen, die im übrigen aber nur von einer schwindend dünnen Minderheit überhaupt wahrgenommen wird. Diesen Schluß zu ziehen ist eine optische Täuschung. Die geschilderte Physiognomik hat durchaus einen ganz und gar nichtästhetischen, einen harten politischen Aspekt. Wer nicht wirklich argumentieren kann, der sucht die Männerfreundschaft, wer über keinen Stil des Offiziellen, des Amtes verfügt, der sucht das Private. Wer das Private sucht, könnte die Situation verkennen, daß es nicht um Freundschaft (»François«, »Boris«), sondern um Interessen geht, daß er über den

* Vgl. S. 74ff. dieses Buches.

Tisch gezogen wird. Die Auguren der Kompetenz haben längst erkannt, daß, um es in neudeutscher Sprache zu sagen, Handlungsbedarf besteht – innenpolitisch und außenpolitisch. Physiognomik tritt dabei deshalb in Kraft, weil sie das einzige Kriterium der Differenz ist, nachdem die beiden Volksparteien so ähnlich geworden sind.

Die Erneuerung der Regierung läge danach nicht im Wechsel der politischen Farbe, sondern im Wechsel der Physiognomie. Der könnte durchaus im jetzigen Regierungslager selbst vollzogen werden. Eigentlich wäre die Stunde eines Putsches gekommen: des Putsches einer anderen Schicht innerhalb derselben Partei, einer anderen Physiognomik. Margaret Thatcher und Tony Blair haben vorgemacht, wie man den Putsch als demokratischen Paradigmawechsel vollzieht. In der einen oder anderen Form steht so etwas bevor: Das jetzige Personal der Unartikulierten ist nicht mehr *fit for business.*

Die falsche Umarmung

Der neue Bundeskanzler hatte es selbst gesagt: Die Situation Deutschlands hat sich mit der Kosovo-Krise prinzipiell geändert – von einer seit vierzig Jahren in einem Schutzumschlag der ehemaligen Kriegsgegner florierenden Wirtschaftsgesellschaft zu einem souveränen Staat, der mit einem Male kriegsfähig werden mußte. Dank einer erstaunlichen Beherrschung des ideologischen Managements durch Kanzler, Außen- und Verteidigungsminister – wider jene Ideologie, die der alten Wirtschaftsgesellschaft entsprach: des Friedens fast um jeden Preis. Diesmal wäre der Preis allerdings der absolute Ansehensverlust, mehr noch: eine Isolation der Bundesrepublik im Westen gewesen, die sogar das Projekt der Europäischen Union in Frage gestellt hätte. Das ist die wahre, seriösere Begründung für Deutschlands Beteiligung, nicht die von der humanitären Rhetorik gegebene, so sehr sie innenpolitisch notwendig war und wie sehr sie auch von ihren Autoren empfunden worden ist.

Im Blick zurück kann man sich aber eines Fröstelns des Zweifels nicht erwehren, ob nicht die deutsche Standfestigkeit um ein Haar dem alten gewohnten Muster gewichen wäre. Was den am Staatsmann Schröder Interessierten skeptisch machte, war die Reaktion auf die – wie sich sofort herausstellte – fintenreichen Einlenkungsmanöver Miloševićs. Während die beiden angelsächsischen Führer (die Franzosen agierten ohnehin zwischen ambivalenter Semantik und zweideutiger Praxis) mit der ruhigen »Wait-and-see«-Haltung reagierten, fiel der Gastgeber der internationalen Versammlung in Köln dem finnischen Friedensboten um den Hals.

In dieser Geste, so nebensächlich sie den professionellen

Beobachtern erscheinen mochte, zeigte sich nämlich die tiefe Unsicherheit der deutschen Politik. Auch wenn der Kanzler buchstäblich eine Last von sich genommen fühlte, nämlich das über ihm hängende Damoklesschwert einer Koalitionskrise, war doch seine mangelnde Beherrschung der Emotion befremdlich, denn er hätte wissen können, daß hier der Teufel im Detail steckte – in Details, die die Serben erwartbar versteckt hielten, um sie dann mit Hilfe ihrer russischen Freunde zu präsentieren. Daß dadurch die ursprünglichen Bedingungen der Nato – nämlich als Bedingungen der Nato, nicht der UNO realisiert zu werden – verwässert worden sind, war damals schon absehbar.

Die Umarmung offenbarte zweierlei: Erstens, daß der deutsche Bundeskanzler für ein Einlenken des Serbenführers fast alles tun würde, also auch den Abschluß eines halbfaulen Friedens, zum Nachteil der Amerikaner und zum Vorteil der Russen. Zweitens, daß ihn keine Hemmung davor bewahrte, diese Empfindung öffentlich zu machen (die Franzosen betreiben so etwas heimlich), obwohl dies die Position der westlichen Koalition schwächen mußte, lauerte doch der Serbenchef auf das geringste Zeichen des Entgegenkommens der anderen Seite.

Es bliebe einseitige Polemik, wollte man die in der Umarmung zum Ausdruck gekommene Befindlichkeit Gerhard Schröder alleine zuschreiben. Die Umarmung entsprach vielmehr einer weitverbreiteten atmosphärischen Tendenz in der Bundesrepublik, nicht zuletzt bei wichtigen Vertretern der Opposition. Denn der sozialdemokratische Bundeskanzler hatte mit der starken Behauptung nicht unrecht, den jähen Wandel von einer Wirtschaftsgesellschaft zum kriegführenden Staat – wo also der einzelne nicht nur etwas bekommt, sondern wo ihm etwas genommen wird – habe nur diese Koalition, nicht die bürgerliche, herbeiführen können.

Die Begründung für diese Behauptung lieferte er nicht.

Aber sie erklärt, warum Deutschland noch immer von einer zur autonomen Außenpolitik fähigen Nation ein gutes Stück entfernt ist: Die ehemalige Regierung, vornehmlich die CDU/CSU, verfügt nämlich zur Zeit über keine Kategorien, die ihre engstirnig provinziellen Interessen transzendieren könnten. Was sie einst zur internationalen und universalistischen Perspektive befähigte, kam nicht aus der Idee, sondern der Lebenserfahrung ihrer bürgerlichen, zum Teil auch großbürgerlichen Klientel, war nicht ideologisch, sondern psychologisch verankert. Indem die CDU seit Kohl zur kleinbürgerlichen Sozialpartei mutierte (die deshalb auch unfähig war, die gesellschaftlichen Strukturprobleme zu lösen), verlor sie einerseits das Erfahrungskapital ihrer einstigen bürgerlichen Elite, ohne andererseits universale Sprachlichkeit, über die SPD und Grüne verfügen, zu gewinnen. Die unsichere Reaktion Schäubles und des ehemaligen Verteidigungsministers, es dürften keine deutschen Soldaten im jugoslawischen Grenzbereich stationiert werden – eine Reaktion, die von der Generalität sogar öffentlich kritisiert wurde –, spricht Bände für diese Hilflosigkeit.

Auch die Reaktionen der führenden deutschen Zeitungen passen zum Ausdruck des Schröderschen Umarmungszeremoniells. Während die Londoner Morgenzeitungen am Tage des sich andeutenden serbischen Offenbarungseides das Scheitern der Gespräche zwischen hohen Offizieren der feindlichen Seiten und als Konsequenz die Fortführung des Bombardements meldeten, flüchteten, so muß man das wohl nennen, ihre Frankfurter und Münchner Pendants zu innenpolitischen Aufmacherthemen, und selbst wenn italienische und französische Zeitungen beim halbguten Ende die Nachteile der Abmachungen analysierten, fand man darüber kaum eine Spur des Interesses in der deutschen Presse. Selbst das im allgemeinen unsentimentale Frankfurter Chefblatt wählte – offenbar weil seine beiden ehemaligen Lordsiegelbewahrer nicht mehr über die Sprache des wahren Glaubens wachen – eine eigentümliche semantische Einnebelung (Orwell hätte dafür einen eindeutigeren Namen), wenn sie zu diesem Zeitpunkt von bereitstehenden »Friedenstruppen« sprach, obwohl noch einige Zeit unsicher sein wird, ob die ominösen »Bodentruppen« nicht doch notwendig werden könnten.

Dieses Wort ist tatsächlich der Felsen, an dem die neue Staatspolitik der Bundesregierung zerschellen würde, gestern, heute und morgen. Der Automatismus der Wiederholung, Bodentruppen kämen für die Bundesrepublik nicht in Frage, ist für die innenpolitische Situation von weit größerem Belang als bei den anderen »weichen« Verbündeten, wozu eigentlich alle Europäer außer den Briten gehören. Denkt man zurück an die achtziger Jahre, als der radikale Pazifismus in den wichtigen Quartieren der deutschen Gesellschaft von links bis rechts grassierte und man 1982 hierzulande um des lieben Friedens willen die polnische Solidarność sofort den Russen geopfert hätte, dann sind die freiliegenden Nerven der deutschen Regierung und vieler öffentlicher Berater nur zu verständlich und eigentlich ein Fortschritt gewesen.

Die »Frieden-um-jeden-Preis«-Mentalität – früher um den Preis sowjetischer Vorherrschaft, heute um den Preis des Atavismus in Europa beziehungsweise des Ansehensverlusts des Westens bei denen, die ihn respektieren sollten – ist ja nicht einfach nur politische Charakterlosigkeit der dem nationalsozialistischen Krieg nachgeborenen deutschen Generationen. Darin äußert sich im Gegenteil ein tiefgehendes, im kollektiven Unbewußten verankertes Bewußtsein vom Desaster, das diese Nation durch zweimalige epochale Kriegsbereitschaft und Kriegsführung befallen hat, ganz abgesehen von der geographischen und historischen Spezifik eines potentiellen Bodenkriegs in Jugoslawien für deutsche Truppen. Sensibilität hinsichtlich unserer kriegerischen Vergangenheit in diesem

Jahrhundert ist notwendigerweise immer ein Element deutscher Politik.

Nun gibt es aber eine markante Differenz, sich einerseits der Fatalität des Krieges bewußt zu sein und besonders der deutschen historischen Rolle darin, sich jedoch andererseits deshalb in der Utopie des ewigen Friedens zu wähnen, der uns in Zukunft beschert werden könnte, sei es durch internationale Institutionen, sei es durch das Ausgleichsinteresse der großen Mächte. Das große Ideal Kants und seiner juristischen und philosophischen Nachdenker von heute genügt nicht, ganz zu schweigen von den Obsessionen einer Friedenspartei, an die uns noch einmal die widerwärtige Sprache zwischen Politkitsch und Terror während des grünen Parteitags erinnerte, um die Kategorie des Krieges nicht ins Arsenal des zukünftigen politischen Denkens aufzunehmen. Es bedarf nicht Miloševićs und der balkanischen Geschichte, um sich diese Notwendigkeit auch nach dem Zusammenbruch der Sowjetunion zu verdeutlichen. Es geht also keineswegs allein um Friedenssicherung im Sinne eines moralischen Universalismus, sondern es geht um die Verteidigung westeuropäischer Sicherheit und Stabilität.

Auch hier war Schröders Umarmung um ein Quentchen zu sehr der Kuß an die ganze Welt, mit anderen Worten, die emphatische deutsche Geste, »die Russen im Boot« haben zu wollen. Das konnte zu diesem Zeitpunkt nur einen Kompromiß bedeuten, der die amerikanisch-britische Position, ohne die Europa heute nackt dastünde, schon so schwächt, wie sie schließlich geschwächt worden ist. Die russische Absicht, sich eine eigene Besatzungszone zu sichern, lag schon immer in der Luft. Die Russen »ins Boot zu holen« bedeutete, sich die Situation schöner zu reden, als sie war. Hier war die Grenze zwischen Realität und Utopie wieder so verwischt, wie all unsere Jahrzehnte davor. Plötzlich war Schröder wieder der alte, unsichere Bundesrepublikaner.

Wenn sich die Friedensutopie nunmehr als die Ideologie der alten Wirtschaftsgesellschaft herauskristallisiert hat, würde ein Staat, der Politik machen will, sich von ihr verabschieden müssen. Konkret auf unser Thema bezogen: Er würde Bodentruppen, wo es notwendig erscheint, einsetzen müssen, und die Empfehlung hierfür sollte nicht mehr länger von amerikanischen Politikern, sondern von deutschen selbst kommen. Die Absehbarkeit solch einer Konstellation – die anderen sind es müde geworden, sich von den Deutschen sagen zu lassen, weil sie früher so böse waren, müßten sie für immer gehindert sein, noch einmal böse werden zu können – führt den Gedanken mit sich, daß man ohne ein beträchtliches Maß an trainierten Kampftruppen nicht auskommt. Ob das mit dem traditionellen Wehrpflichtigenheer zu leisten ist oder ob die Berufsarmee in dieser neuen, utopiefernen Beleuchtung unausweichlich wird, gehörte in eine baldige Diskussion des Parlaments.

Rollengerecht müßte eine solche Diskussion eigentlich dem Antrag der konservativen Opposition entspringen. Da es sich aber nicht um eine Opposition handelt, die den Namen konservativ verdient, müssen sich deshalb alle Hoffnungen auf die beiden Minister richten, die sich in den letzten Wochen verdient gemacht haben, und auf den sozialdemokratischen Bundeskanzler. Falls er aus dem Fehler der unangemessenen Umarmung gelernt hat.

Kohl: System und Umwelt

Ein die politische Realität unvoreingenommen beobachtender Freund machte während einer Gesprächsrunde über die Defizite unseres deutschen politischen Personals – im Vergleich zu den elitär trainierten französischen Konterparts – eine Bemerkung von nicht bloß empirischer, sondern theoretischer Relevanz: Es komme heutzutage beim politischen Entscheidungprozeß immer weniger auf die Kompetenz oder gar Begabung der Führungsfiguren an, sondern hier (beim Mittelmaß) wie dort (beim Elitekorps) würden die gleichen strukturell vorgegebenen Entscheidungen früher oder später gefällt. Diese unendlich trostlose Aussicht, die eine persönlich fundierte Idee von Politik als traditionalistisch-romantisch bloßstellt, kann tatsächlich mit überzeugenden Argumenten aufwarten: Es war nicht der in seiner Art brillante Kanzler Schmidt, der den notwendigen Nachrüstungsbeschluß durchsetzte, sondern der ihm folgende Kanzler Kohl in seiner dilettantischsten Phase. Kohl hatte nur den Vorteil, daß Partei und Zeitpunkt ihn begünstigten. Das aber ist kein persönliches Plus.

Strukturell ist auch eine Perspektive, die den letzten Kanzler als Machtpolitiker ansieht und das Sich-dienstbar-Machen der Umwelt qua Geld und Belohnung als uraltes Mittel des Souveräns in den Vordergrund stellt. Wie überhaupt eine ganze Reihe von moralisch verurteilenden Einlassungen zu Kohl und seinem »System« von solch struktureller Eigenart waren, wodurch die Figur des Ex-Kanzlers sich verlor. Wenn man einmal annimmt, daß die strukturelle Beurteilung von Politik der individuellen überlegen ist, dann wäre die Ansicht von Kohl als einer in jeder Hinsicht inferioren Figur sogar ein zusätzliches Argument. Es erklärte sich dann jedenfalls das, was ansonsten ein Rätsel bliebe: Wie denn dieser Mann so lange eine Regierung führen konnte. Was sich nicht erklärt, ist, wie eine ganze Politikergeneration und eine Partei von solch einem Mann über Jahrzehnte gegängelt worden ist.

Und deshalb sei von unserem strukturellen Apriori zunächst auch abgesehen und im Gegenteil noch einmal ganz allein auf die individuell-phänomenologische Evidenz gesetzt und die Irritation von so vielen Beobachtern gebündelt, daß und inwiefern ein intellektuell und zivilisatorisch so unterdurchschnittlich Ausgestatteter, ein im Vergleich mit allen vorangegangenen Kanzlern bezüglich seiner geistigen Statur mit der schlechtesten Note Abschließender selbst noch nach der Katastrophe, in die er seine Partei brachte, Macht ausübt. Denn während dieser Katastrophe hat sich gerade die Quintessenz seiner intellektuellen *shortcomings* noch einmal gezeigt und die Katastrophe beschleunigt: die offensichtliche Unfähigkeit zur gedanklichen Abstraktion, das heißt zum Gedanken überparteilicher Verantwortlichkeit. Heinrich Heines amüsant-bösartiger Satz von dem »großen Haufen mit seinen tausend dicken Köpfen«, dem die Finessen der deutschen Transzendentalphilosophie notwendigerweise entgingen, wird von der inzwischen auch sittlich monströs gewordenen Erscheinung des ehemaligen Kanzlers erläutert, wenn er hilflos in mediokren Fernsehsendungen vor Altersheiminsassen seine Unschuld beteuert oder vor feinerem, aber offensichtlich politisch ebenso naivem Publikum menschelt. Daß er – so lange er es konnte – nicht vor politischen Institutionen auftrat, spricht Bände für die Gefühligkeit jenseits des Arguments!

Diese Bewandtnis seines defizitären Intellekts ist gerade deshalb zu betonen, weil unsere Frage nicht mehr Kohl, sondern seinen Nächsten gilt, die ihm zu Dienste waren. Insofern ist die Anekdote noch immer aufschlußreich, wonach der junge Kohl, im Sprechzimmer des Heidelberger Philosophen Gadamer nach seinem Begehren befragt, geantwortet haben soll: Er interessiere sich für vieles, könne sich aber auch ein Philosophiestudium vorstellen. Der berühmte Professor gab dem Scheidenden den Rat, etwas anderes zu versuchen, denn für Philosophie sei er nicht geeignet. Nun ist diese Nichteignung kein Manko, am wenigsten für einen zukünftigen Politiker, es sei denn, man ahnt den Grund, warum der Ordinarius so entschieden abweisend wurde: Weil dieser junge Mann schon damals so selbstüberzeugt von diesem und jenem daherredete, ohne auch nur einen Hauch von Kenntnis, sei es der Sache, sei es seiner selbst, zu haben? Der ihn durch Gadamers Rat geerbt hatte, der fast ebenso berühmte Politologe Dolf Sternberger, reagierte später immer auf die Frage, wie denn ein solches Mittelmaß bei ihm habe promovieren können, mit gereiztem Hinweis auf den Kollegen aus der historischen Fakultät, die eine in der Tat unsäglich gedankenlose Parteienstatistik als Dissertation 1958 akzeptiert hatte. Dementsprechend niedrig blieb seitdem das Niveau seiner politischen Vorstellungen, was letztlich auch seinem Verhalten in der Spendenaffäre entspricht.

Dennoch waren es die jungen Biedenkopfs und Geißlers, die Schäubles, in deren Nähe Kohls Ehrgeiz sich endlich realisieren konnte und die nichts dabei fanden, ihm ihre intellektuelle Überlegenheit zur Verfügung zu stellen. Kohls Erfolgsgeschichte hat dann verdeckt, was aufmerksamen Beobachtern nie entgangen ist und was die nunmehr zutage getretenen Verstöße nicht nur gegen das Parteiengesetz, sondern gegen die Verfassung, deren Schutz ein zentraler Inhalt seines Amtseids gewesen ist, allzu deutlich zeigen: daß die recht hatten, die immer wußten, daß der Mann unfähig blieb, jenseits von einfachen Gegenständen, einfachen Situationen, einfachen Menschen zu denken. Durch seine Bonner Republik zog immer ein Karneval der Gefühligkeit, wie ein

Bratenduft. Wenn das der Kern der Kohlschen politischen Existenz gewesen ist, wird unsere Frage danach, warum er seine Partei so beherrschen konnte, zu einem psychologischen Rätsel. Seine Macht hätte, so heißt es, in der Basis gelegen. Er hätte irgendwann auf dem Sofa eines jeden kleinen CDU-Funktionärs gesessen und mit dessen Frau Kaffee getrunken und Kuchen gegessen. Seitdem hätte er seine Wichtigkeiten über das Telefon, nicht mehr im Kabinett geregelt. Das war offenbar so und paßt akkurat ins Bild der provinziellen Mentalität. Soweit ist etwas schon ersichtlich: Die Macht Kohls stammt zunächst daher, daß er im Unterschied zu Brandt und Schmidt (aber auch zu Adenauer und Kiesinger) keine irgendwie ferne Symbolfigur des Staates war, sondern eine Art Refrain auf den Durchschnittstypus einer westdeutschen Kleinstadt – und Westdeutschland bestand nur aus solchen Kleinstädten.

Es kommt an dieser Stelle regelmäßig der Hinweis der Politologen und Soziologen, in Kohl habe sich eben die überall auftretende Veränderung von der Parlamentsherrschaft (etwas immer auch Elitäres) zur Parteienherrschaft (etwas Populäres) inkarniert. Damit hat man die Frage aber strukturalistisch eskamotiert, denn dort, wo ähnliches passiert ist, handelt es sich um formidable Entertainer und Manipulateure, seien es nun Thatcher, Blair oder Mitterrand. Kohl ist verglichen mit deren Finessen (nicht umsonst hieß Mitterrand »der Florentiner« und nennt man Blair »den Schauspieler«) ein Klippschüler. Vor allem aber die höheren Parteichargen und unabhängigen CDU-Politiker gehören nicht zum Typus des Kohlschen Volkes. Da gab es Karrieren nicht ohne bemerkenswerte Kenntnisse und Fähigkeiten. Diese Figuren, alle mit intellektuellem Profil, wurden charakteristischerweise zu seinen innerparteilichen Gegnern und schließlich zu Opfern seiner Parteimacht, wie am Ende wohl auch das letzte dieser Reihe, Schäuble, dessen Intelligenz ebenfalls fünfzehn Jahre lang nichts dabei fand, die Seichtigkeiten seines Chefs zu verteidigen.

Gewiß, diese Gruppe, die nahe daran war, den Koloß mit der imponierenden, aber auch gefährdeten Bauchseite zu stürzen, ist von der Wiedervereinigung zeitweise in ihrer eigenen Politkarriere behindert worden. Aber glaubten diese Kenner oder auch Interpreten der Vorgänge vom Herbst 1989 und Frühjahr 1990 wirklich an ihre gebetsmühlenhaft wiederholte Glorifizierung Kohls als »Kanzler der Einheit«? Sahen sie nicht, daß diese nicht das Ergebnis eines fintenreichen Manövers voller politischer Phantasie und Antizipation der einzelnen Abläufe – wie im Falle Bismarcks – war, also ein eminentes Kunstprodukt einer genialen politischen Begabung, sondern genau das Gegenteil, nämlich die quasi naturwüchsige Konsequenz des Zusammenbruchs sowjetischer (und ostdeutscher) Ökonomie, deren politisch-diplomatische Artikulation vor allem von den damaligen westdeutschen und amerikanischen Außenministern zu verantworten war? Das einzige, was da als Verdienst bleibt, ist, daß Kohl von keiner linksutopischen Ideologie gehindert wurde, den Apfel, der ihm in den Schoß gefallen war, auch sofort aufzuheben und zu essen.

Und der Staatsmann der »europäischen Einheit«? Daß diese vorerst aus institutionellen und psychologisch-kulturellen Gründen als politische nicht möglich ist, war von Kohl nie bedacht und ist in ihren Implikationen von ihm bis heute nicht begriffen worden. Er ist niemals über den primitiven Standpunkt eines Herbergsvaters anläßlich sentimentaler französisch-deutscher Jugendtreffen auf rheinischen Bergen hinausgekommen. Haben die erstrangigen CDU-Politiker diese katastrophalen Defizite an Intelligenz, selbst an Erfahrung und Urteilsvermögen, nie bemerkt und daraus Selbstbewußtsein gegenüber dem Champion der Kleinbürger und seiner falschen Größe gewonnen?

Es blieb ihnen nichts anderes übrig – und auch nicht einem Großteil der deutschen Presse –, trotz der Hohlheit der beiden Ansprüche von »politischer Lebensleistung« zu sprechen, die nicht »beschädigt« werden dürfe. Natürlich deshalb nicht, um selbst noch einen Grund in der Geschichte der CDU zu finden. Der Begriff »politische Lebensleistung« ist nach dem Ausgeführten nichts anderes als der Euphemismus für geballte Mittelmäßigkeit und Gestalt gewordene Trivialität, die der Zufall in eine Epoche großer Entscheidungen warf. Der Kohl nachgesagte bauernschlaue Satz »Mal sehen, wer übrigbleibt« enthüllt sozusagen als seine letzte politische Äußerung, welch ordinären Geistes er ist: Inwiefern dieser zu keiner artikulierten Satzfolge Fähige auch im Sittlichen so unartikuliert blieb wie der rachsüchtige Kleinbürger, auf dessen Zustimmung er noch gesetzt hat, als die CDU-Größen sich von ihm distanzieren mußten. Und hier zeigt sich noch einmal der Zusammenhang zwischen intellektueller Defizienz und politischer Verwilderung: Kohl begriff offensichtlich bis zuletzt nicht die verheerenden innenpolitischen Konsequenzen seines Verhaltens. Selbst sein treuherzig sich gebender Ehrbegriff ist lasch.

Es gibt so etwas wie physische Potenz, die zur psychischen transzendiert. Man kann als Beobachter einschlägiger sozialer Szenen den Vorteil, den ein schlichter Geist aus seinem Mangel an reflexiver Potenz zieht, beobachten: Er ist immer gleich da, greift immer gleich zu, ist immer von etwas überzeugt – und überzeugt damit jedenfalls jene schweigende Mehrheit, die ohnehin ihre Zweifel zu spät anmeldet. Die Kohlsche Herrschaft wäre also nichts anderes als die Herrschaft des Bauches über den Kopf, der Plebs über die Patrizier gewesen? Gar ein Bauch, der die Macht physischer Präsenz, in sich ruhenden Selbstbewußtseins symbolisierte, an dem alle Finessen der Reflexion scheitern? Also doch ein Phänomen eigener Ordnung? Ausgerechnet in einer konservativen Partei wäre deshalb also die alte römische Legende umgekehrt worden? Das leuchtet nicht ein. Das berühmte »Aussitzen« belegt semantisch ja nichts anderes, als daß der Kopf nicht der wichtigste Körperteil war.

Nicht Kohl war so überlegen, sondern seine Gefolgsleute haben trotz ihrer Fähigkeiten so sehr versagt. Irgend etwas hat mit der Parteielite, den Seigneurs der CDU, seit langem nicht mehr gestimmt: Etwas, was nicht aus individueller Charakterschwäche oder falschen politischen Zügen stammt und Kohl beinahe als Meister des politischen Spiels erscheinen läßt. Da stößt man – sieht man sich Biedenkopf oder Schäuble (schweigen wir von Kanther und Co., denn diese vornehmen Fälle gehören zur politischen Kriminalität) noch einmal genauer an – auf eine traurige Wahrheit: Diese Politiker sind alle über das politische Normmaß hinaus pragmatisch gewesen, so daß sie das Faktum brutum des Kohlschen »Ich bin hier, weil ich hier bin« akzeptierten. Er wurde ihnen zu einer Art normativen Kraft des Faktischen, obwohl sein Ansehen bis 1989/90 nie wirklich den niedrigen Stand seiner Anfänge überholt hatte. Positiv gewendet: Diese Männer sind allesamt, was sie Engländer No-Nonsense-Politiker nennen; da gibt es keinen anderen Horizont als die schiere Faktizität und Logik des jeweiligen Tages, selbst bei den ökonomischen Meisterdenkern Biedenkopf und Späth, die beide nach ihrem politischen Aus ihre Qualitäten in Ostdeutschland zeigen: nicht in der Nähe Kohls.

Dieser Pragmatismus ist durch das Verschwinden der Utopien der siebziger und frühen achtziger Jahre regelrecht legitimiert worden, ja konnte sich sogar auf die Renaissance des amerikanisch-philosophischen Pragmatismus und den Niedergang der transzendentalen Tradition stützen, ganz abgesehen von der Tatsache, daß er in ursprünglich utopisch-kulturkritischen Parteien wie der SPD und den Grünen seine Anhänger gefunden hat. »Pragmatismus« bedeutete bei den

CDU-Größen, die Kohl ertrugen, aber nicht nur einen Realismus jeweiliger Angemessenheit, sondern Abwesenheit von geistig-politischen Initiativen, was in der Unbeweglichkeit der Sozialpolitik seinen charakteristischen Ausdruck fand. Aber auch im jetzigen politischen Immobilismus: kein Anzeichen, auf die von Kohl verursachte Katastrophe entschlossen und einfallsreich zu reagieren, indem man wirklich aus seiner Tradition ausbricht, kein einziger unter den Jungen, der mit Willenskraft hervorgetreten wäre, abgesehen von der Generalsekretärin aus dem Osten.

Provinzialismus – und damit kehren wir zur Struktur zurück – kommt hinzu, denn die Provinzen nähren die politische Klasse in Deutschland üppig, vor allem wenn man Ministerpräsident ist, ohne jemals im Bundestag geprüft worden zu sein. Karrieren jenseits des Parlamentarismus also, wie sie Kohl eingeführt hat. Er war der erste Kanzler, der sich seine Sporen nicht als Debattenredner des Bundestages verdient hat und der sich niemals durch sein Wort an der Tribüne der Nation darstellte. Im Gegenteil: Mit ihm begann der Niedergang des westdeutschen Parlamentarismus (der in den fünfziger, sechziger und siebziger Jahren glänzende Stunden gehabt hat) und der Aufstieg der provinziellen Kooperation: Wie niedrig deren politisch-rechtliche Kriterien liegen, hat der Beifall für Kohl in diesem Milieu abermals gezeigt.

Und dies gilt auch noch für die SPD-Größen, deren politische Karriere sich in den Landeshauptstädten vollzog und vollzieht. Nicht zuletzt gilt dies auch für den sozialdemokratischen Kanzler, der ebenfalls keine Erfahrung im deutschen Parlament machte und der noch immer nur über eine redundante Rede verfügt. Hinsichtlich der provinzialen Mentalität ist selbst der jetzige Bundespräsident charakteristisch, dem im Unterschied zu seinen unmittelbaren Vorgängern keine politisch-repräsentative Sprache gelingen will, obwohl er rhetorisch nicht unbegabt ist. So ist der Abstand zwischen Kohl und den ihm an Intellekt weit überlegenen Provinzgrößen nicht groß.

Man muß vermuten, daß die satte Provinzialität vieler der im Skandal Betroffenen auch die besondere Art ihrer atemverschlagenden Unschuldsverbrämungen erklärt: Was da an Gesetzwidrigem geschah, konnte das Gefühl für sittliche Normen unterlaufen, weil dieses Gefühl im provinziellen Milieu irgendwie und irgendwann unbemerkt in trägen Gewohnheiten versickerte. Der politisch-sittliche Augiasstall, den Kohl hinterläßt, ist buchstäblich der Stall der Provinz, in dem es gemütlich und so informell selbstverständlich zugeht, daß der Rückfall ins Vormodern-Feudale, Verdruckst-Familiäre, Abgeduckt-Heimliche, Dumm-Sture über Jahre nicht bemerkt wurde. Keine Vorstellung von Repräsentanz. Man wird einmal sagen: Es war die dumme Epoche, die Herrschaft der Provinz, das heißt der Korporation über das Parlament.

Es hat seit vielen Jahren in diesen politischen Kreisen überhaupt kein Kriterium mehr gegeben, vor dem Kohl die miserable Figur gemacht hat, die er in diesem Text abgibt. Mit anderen Worten: Es ist nicht Kohl, der die politische Szene verdarb, sondern Kohl war nur der stärkste Ausdruck der verdorbenen Szene. Verdorben nicht im moralischen Sinne, von dem seit einigen Monaten etwas hilflos die Rede ist. Das auch, aber dieses aktuelle Symptom ist Folge eines tiefer sitzenden Übels: des perspektivlosen Pragmatismus der CDU-Elite im besonderen und der politischen Elite im allgemeinen.

Denn es handelte sich bei Schäuble und Biedenkopf und den anderen eben nicht nur um die Fähigkeit zur No-Nonsense-Politik, sondern um die Unfähigkeit zu irgendeinem Einfall, den man als Projekt bezeichnen könnte. Der in solchen Fällen gewöhnlich zur Verteidigung herangezogene Max Weber hat in seiner Charakteristik der notwendigen

Eigenschaften des Berufspolitikers der Pragmatik scheinbar das Wort geredet, wenn er vom »Augenmaß« sprach, das sich nicht blenden läßt vom »intellektuell Interessanten«. Alle fühlen sich, Kohl an erster Stelle, diesem Kriterium verpflichtet, zumal Webers Aufsatz noch immer zum Grundwissen deutscher Politiker gehört.

Anders ausgedrückt: Sie führen alle bei besonderem Anlaß das große Wort Max Webers im Munde, so daß auch auf der Ebene des semantisch belegten Bewußtseins kein Schwachpunkt zu entdecken ist, von dem aus der eigentümliche Pragmatismus hätte verdächtigt werden können. Am wenigsten von ihnen selbst. Von daher war Selbstkritik nie am Horizont. Man ist sogar soweit gekommen und verkommen, die berühmteste Kategorie aus Webers Politologie zur Erklärung von Kohls pragmatischer Existenz anzuführen: »Charisma«.

Damit sind wir auf den Anfang unseres Fragens zurückverwiesen: Warum hatte ein solcher Mann denn charismatische Ausstrahlung? Wenn man auf diejenigen schaut, bei denen er sie hatte, bekommt man die Antwort: Es war nicht nur das Kohlsche biedere Fußvolk, in dem sich seine Art der Biederkeit machtvoll verdoppelte, es war auch die »pragmatische« Elite, die sich durchaus im Einklang mit Weberschen Kategorien wähnend aus diesen etwas ganz anderes gemacht hat: »Augenmaß« ist depraviert zu tautologischem Realismus, »Verantwortungsgefühl« ist depraviert zur rhetorischen Lüge bei großen Anlässen, »Leidenschaft« ist depraviert zur emotionell-sentimentalen Selbstentzündung und »Charisma«, das in Webers Wortbedeutung nur der Bundeskanzler Willy Brandt besessen hat, ist verkommen zur spießigen Aura einer Kleinbürgerattraktion.

Warum? – das ist nicht die Frage des Politikers, sondern des Intellektuellen. Den Intellektuellen als »unsachlich« zu qualifizieren, war Webers bleibendes Geschenk an die Politiker. Unsachlich ist unsere Frage nur insofern, als sie nicht mehr der Rücksicht auf die politische Sache der heutigen Politiker entstammt, sondern der Rücksicht auf die geistigen Standards, von denen die Webersche Begriffsbildung noch selbstverständlich ausging. Aber das war gestern.

Nationale Nachgedanken zur Wehrmachtsausstellung

Die sogenannte Wehrmachtsausstellung ist seit Jahren kritisch erörtert worden, der mit Hannes Heer für die Ausstellung verantwortliche Jan Philipp Reemtsma hat auf diese Kritik zunächst selbstbewußt offensiv geantwortet. Inzwischen sah er sich gezwungen, die von Hunderttausenden besuchte Wanderausstellung vorläufig zu schließen, nachdem Fachhistoriker, nicht zuletzt die über osteuropäisches Archivmaterial verfügenden, detaillierte Kritik am dokumentarischen Wert der Ausstellung erhoben haben.

Die Reaktion, es gehe nur um die Nachbesserung eines Konzepts, das als solches stimme – einzelne Fehler bei den fotografischen Zuschreibungen änderten nichts an der Grundthese, daß die Normalität des deutschen Ostheeres das Verbrechen gewesen sei –, ist eine Schutzbehauptung. Horst Möller, der Direktor des Münchner Instituts für Zeitgeschichte, hat sie mit guten Argumenten in Zweifel gezogen (*FAZ*, 3. Januar 2000), und das Weitere bleibt der fachhistorischen Debatte überlassen.

Es drängt sich aber eine andere Frage auf, unabhängig vom dokumentarischen Wert beziehungsweise der repräsentativen Bedeutung der Greuelfotos mit deutschen Soldaten als feixenden Tätern: die Frage nach der Absicht der Ausstellungsmacher. Es geht um die Frage nach dem beabsichtigten höheren Nutzen des Unternehmens und die Antwort bei denen, die diesen Nutzen schon emphatisch bejaht haben.

Die bisher gegebene Antwort – Aufklärung über die deutsche Vergangenheit im Spiegel der deutschen Armee bei den Enkeln – ist nämlich bei genauem Hinsehen eine tautologische und verhüllt eine entscheidende Dimension des die Thesen der Ausstellung aufnehmenden Bewußtseins: Die Behauptung, die Wehrmacht, also Millionen von meist jungen deutschen Soldaten seien als Täter in ein Massenverbrechen verwickelt gewesen, ist von den Ausstellungsmachern nicht bloß zu dokumentieren versucht, sondern als triumphale Wahrheit unter die Leute gebracht und im Modus dieser Aggressivität auch rezipiert worden. Wie das?

Man muß auf die Gefahr hin, mißverstanden zu werden, es wie folgt sagen: Es wäre psychologisch viel verständlicher, wenn man Interesse daran gehabt hätte, dieser Nachricht zu mißtrauen, sie sogar zu leugnen, wenn denn herkömmliche Psychologie hier noch funktionierte. Nicht zu leugnen in eskapistischer Manier, aber doch im Sinne des Zweifelanmeldens. Eigentlich könnten nur Nachkommen von Opfern oder ehemaliger Kriegsgegner oder aber jener den Nationalsozialismus ablehnenden deutschen Minderheit – sie war zwar winzig, es hat sie aber doch in allen Schichten gegeben – Genugtuung darüber äußern, welche expressive Sprache die Greuelfotos – ganz ähnlich der Theorie Goldhagens vom genuinen Mordhaß aller Deutschen gegen die Juden – gefunden haben. Aber dem ist nicht so. Die Mehrheit der der Ausstellung Applaudierenden hat wohl mit Jan Philipp Reemtsma das Gemeinsame, daß ihre Väter beziehungsweise Großväter mit dem Nationalsozialismus Sympathisierende gewesen sind, selbst dann noch, als sich dessen Kriminalität offen zeigte. Diese Vermutung ist zu vertiefen: Wie viele bekannte kritische Geister – nicht zuletzt innerhalb der Universitätselite – kommen aus nazistischen Elternhäusern? In welcher Weise beeinflußt diese Herkunft ihr Urteil über die deutsche Geschichte der ersten Jahrhunderthälfte und darüber hinaus?

Unter solchen Umständen so frenetisch der Ausstellung Beifall zu spenden ist jedenfalls nicht mit dem Ernst des

Aufklärungswillens allein erklärbar. Selbst wenn man den pädagogisch-politischen Nutzen darin sähe, daß die Nachkommen einer mörderisch entfesselten Armee sich dieser Vergangenheit stellten, müßte dies zunächst auch mit Trauer, ja Depression einhergehen, denn die Erkenntnis, ein Nachkomme von Mördern zu sein, hat in sich nichts Befreiendes. Oder doch? Aufgeklärt über das Mörderische der Nazizeit in allen gesellschaftlichen Bereichen, und eben auch in der Armee, war der einigermaßen Erzogene der deutschen Gymnasien seit dreißig Jahren, aber befreit war er nicht.

Und diese Einsicht führt hier weiter: Befreiendes nämlich hätte die Aufklärung, deutete man sie um zum Akt einer emphatischen Katharsis, in der das ganze historische deutsche Erbe sich auflöste, man selber von dieser Geschichte erlöst würde. Das gelänge um so mehr, wenn man die jüngste Geschichte als Monstrosität monumentalisierte, sie als Besonderheit deutscher Vergangenheit betonte, wenn man eine ganze Epochengeneration unterschiedslos kriminalisierte: Wenn man schließlich deutsche Geschichte als solche verabschiedete und als Kategorie überhaupt nicht mehr zuließe, könnte man die mörderische Vergangenheit akzeptieren: Je mörderischer, je verbrecherischer sie gewesen ist, um so größer der Gewinn, sie verbrannt zu haben.

Unsere These ist also, daß es sowohl dem sublimen Fanatismus der Ausstellungsmacher als auch dem frenetischen Beifall vieler deutscher Zuschauer nicht primär um politische Aufklärung, sondern um eine Inszenierung von neuer Identität ging, die notwendigerweise die Bedeutung von Nationalgeschichte, vor allem der deutschen Geschichte, leugnete, da das Nationale ja die Verbrechen verursacht habe.* Die Angesprochenen werden auf diesen Vorwurf erwidern, die

* Vgl., Karl Heinz Bohrer, »Historische Trauer und poetische Trauer«. In: *Merkur,* Nr. 608, Dezember 1999.

deutsche Geschichte werde doch gerade durch ihr Unternehmen erinnert. Schon, aber in depravierter Form, folgt man den Einwänden der zeithistorischen Forschung. Man depraviert, um sich selbst als Einsichtselite von der deutschen Geschichte distanzieren zu können.

Damit aber sitzt man einer Illusion auf, mit der die Verantwortlichen spätestens konfrontiert worden wären, wenn sie die Ausstellung in den USA gezeigt hätten: Amerikanische Intellektuelle und Politiker – das sei den Ahnungslosen prophezeit – hätten die für Reemtsma und Heer eben nicht absehbare Frage gestellt: Was bezweckt ihr eigentlich? Den ehemaligen Kriegsgegnern, den Befreiern vom Naziregime, von den KZs, zuzurufen: »Seht her, es war nicht bloß die SS und Waffen-SS, es war die deutsche Armee, es waren unsere Väter selbst, die die Verbrechen verübten und die ihr laufen ließet«?! Man hätte ihnen in den USA angeraten, diese Erkenntnis etwas weniger laut unter die Nachkommen der Alliierten zu bringen, denn sonst entstehe bei solch einer Genealogie entweder der Verdacht, daß die so laut Rufenden keinerlei Scham über die Taten ihrer Väter empfänden oder daß sie offenbar glaubten, sie könnten sich mit einer solchen Form der Selbstdenunziation eben der historischen Last entledigen und zusammen mit der westlichen Weltgemeinschaft die ihnen selbst entfremdete deutsche Geschichte als Horrorkabinett im Museum betrachten.

Solche angelsächsischen Intellektuellen hätten im Aufdringlichen des Prozedere die moralische Taktlosigkeit erkannt. Taktlosigkeit also in einem tieferen Sinne verstanden als bloß des geselligen Savoir-vivre: nämlich als existentielle Zudringlichkeit von neurotischem Ausmaß, die man um so mehr als »teutonisch« empfindet, als sie gar nicht darum weiß; genauer: als eine weitere Erscheinung emotionaler Instabilität und Maßlosigkeit, deren »Unschuld« nichts Gewinnendes hat.

Churchills Bemerkung, man habe die Deutschen entweder an der Kehle oder zu den Füßen, wäre mit Sicherheit – und keineswegs bloß von Konservativen – in eine aktuelle Fassung gebracht worden: daß nämlich diese Form von Aufklärung die andere Seite der bestialischen Medaille ist. Selbst wenn es nicht zu den Zweifeln an der wissenschaftlichen Seriosität der Ausstellung gekommen wäre, Reemtsma und Heer unter medialem Applaus nach New York gegangen wären, hätten sie sich bald mit solchen Fragen konfrontiert gesehen, auf die sie bis heute nicht einen Hauch gedanklich vorbereitet sind, wie alle ihre Erklärungen bezeugen.

Sie sind es nicht, weil sie wie viele der ihnen Beifall Zollenden von einer Ideologie gekennzeichnet sind: der transnationalen. Die Transnationalität ist die Utopie des noch immer weiter wesenden westdeutschen Provinzialismus, der nichts davon weiß, daß gerade der Nationalität westlicher Zivilisationsformen das Mundane eigen ist. Erst durch die deutsche Wiedervereinigung mit allen ihren Implikationen, nicht zuletzt der Rekonstruktion Berlins als deutscher Metropole, könnte dieser Provinzialismus zurückgedrängt werden. Sicher ist das allerdings nicht.

Der undifferenzierten Kriminalisierung ist aber auch in anderer Hinsicht zu widersprechen: in Hinsicht auf jene Minderheit von Nazigegnern, die es im Nazistaat jenseits der offiziell rassisch und politisch Verfolgten gegeben hat, die aber bisher wenig Beachtung in der Zeithistorie fand. Die Nachfahren dieser Minderheit dürften es sich jedenfalls verbitten, daß ihnen von den Nachkommen der Mehrheit eine hysterisch annihilierte Geschichte zugemutet wird. Nachdem die große Abrechnung nach dem Kriege ausgeblieben ist, wird sie mit fünfzigjähriger Verspätung unter anderem von den Enkeln derjenigen, an denen sie hätte vollzogen werden müssen, nunmehr allen zugemutet: Je stärker das Verbrechen generalisiert werden kann, um so weniger trifft es den einzelnen, die Nachkommen dürfen sich vom Odium salviert fühlen. Der Haß der Söhne auf die schuldigen Väter ist von kathartischer Bedeutung. Diese Katharsis zur offiziellen Symbolik einer Nation zu stilisieren ist etwas ganz anderes.

Eine solche Einsicht ergibt sich unabhängig vom negativen Urteil über den historischen Wert der Ausstellung. Nicht daß diese Minderheit nicht die Verbrechen, die die Mehrheit deckte, mitzutragen hätte. Aber die intellektuell symbolischen Konsequenzen wären andere. Daß nicht nur die Jahrgänge der deutschen Armee, die, durch Hitlerjugend der späten dreißiger und frühen vierziger Jahre geprägt, einem gezielten Training zur Brutalität unterworfen waren, sondern auch breite Kreise der deutschen Zivilbevölkerung gegen traditionelle Humanwerte gezielt immunisiert werden sollten, steht ganz außer Frage. Aber mit welchem Erfolg und unter welchen Umständen dieses nationalsozialistische Projekt gelungen ist, kann nur, zieht man die Lehre aus der zeithistorischen Kritik an der Ausstellung, mit Sachlichkeit und jenseits der postnationalen Ideologie untersucht werden. Und dazu gehört eben auch das Wissen um jene bürgerliche Minderheit, die den Nationalsozialismus nicht nur in seinen reaktionären Vorformen in Beamtenschaft, Universität und Wirtschaft während der zwanziger Jahre verabscheute, sondern die, als er da war, alles getan hat, seine Erwartungen ständig zu unterlaufen – mit Konsequenz für Beruf, zum Teil auch Leben. Daß diese Haltung individuell blieb und nicht politisch werden konnte, macht sie nicht zur Quantité négligeable.

Der politische Anspruch dieser Schicht blieb auch nach dem Kriege fast unerkennbar, wenngleich er in Personen wie dem ersten Bundeskanzler und dem ersten Bundespräsidenten anwesend war, auch wenn ersterer alles unterlassen hat, ihn zu stärken. Im Gegenteil: Dieser Anspruch ist einmal durch die wunderbare Wandlung einstiger Nazis zu Amtsträgern der neuen Republik minimalisiert worden, zum anderen dadurch, daß die deutsche Nachkriegsintelligenz als ganze eher dem kleinbürgerlichen Milieu entwuchs und daher – ob nazistisch oder nicht – kaum eine Ahnung hatte von der Existenz einer kultivierten altliberalen Schicht, die die Nazis nie akzeptiert hat. Dazu muß man auch – bei aller Kritik im einzelnen – den gegen Hitler plottenden preußischen Adel und den kommunistischen Widerstand zählen, die ebenfalls in der Bundesrepublik nicht mehr wirklich erinnert wurden, schon deshalb nicht, weil alle ihre Repräsentanten umgebracht worden sind – durchaus unter Beifall der deutschen Mehrheit, sofern man deren dumpfe Gemütsverfassung im vorletzten Kriegsjahr überhaupt benennen kann.

Die negative politische Bewertung der Verschwörer des 20. Juli im Lichte der Nachkriegsdemokratie ist angesichts der sittlichen und geistigen Differenz zwischen Verschwörern und dem deutschen Kasus von 1944 nicht nur politisch irreführend und historisch naiv, sondern moralisch abstoßend. Das entspricht aber dem soziologisch neuartigen Gebilde der westdeutschen Nachkriegsgesellschaft, die – was ihre Expressivität anbelangt – allmählich nur noch aus einer unteren Mittelschicht zu bestehen scheint und dementsprechende Muster entwickelte, in denen kulturelle und historische Identität, zumal wenn sie ihre ehemaligen Eliten betraf, keine Rolle mehr spielen.

Das alles bestimmte unsere Anfänge nach dem Kriege: Die westdeutsche »Bewältigung« der Vergangenheit blieb so oft genug nur denunziatorisch-neurotisch und ohne nationale politische Strategie. Daß sie häufig von Nachkommen nazistisch oder deutschnational geprägter Familien betrieben wurde, die keine Fähigkeit zur politischen Option mehr besaßen, sondern nur zur protestantisch-besinnlichen Einkehr, erklärt jedenfalls etwas besser, warum ein alternatives, nuancierteres Geschichtsmodell nicht möglich war. Deshalb hat es nie eine Verankerung des 20. Juli im öffentlichen Bewußtsein gegeben. Deshalb hat man die »Weiße Rose« nicht heroisiert und der deutschen Studentenschaft als Pflichtfach auferlegt. Deshalb wurden die Naziverbrechen zum Fokus, ja zur Entelechie der deutschen Geschichte hochgerechnet. Und deshalb galt es schließlich, aus der deutschen Geschichte auszutreten: ein Prozeß in Phasen, der in unserer Epoche seinen radikalsten Ausdruck gefunden hat.

Die methodischen Fehler der Wehrmachtsausstellung sind also nicht nur ihren Erfindern anzurechnen, sondern auch als strukturelle Defizite des öffentlichen nationalen Bewußtseins zu werten.

Epilog: Schuldkultur oder Schamkultur. Der Verlust an historischem Gedächtnis

Was sich in den großen Zeitungen der Bundesrepublik, phasenhaft täglich in der *FAZ*, als die Walser-Bubis-Debatte abgespielt hat, unterscheidet sich von allem vergleichbar Vorangegangenen, namentlich dem Historikerstreit, darin, daß die meisten Teilnehmer nicht eigentlich wie Intellektuelle sprachen oder vorrangig in Kompetenz über eine Sache Sprechende waren, sondern buchstäblich Betroffene. Das gilt für die beiden Auslöser der Debatte, den Schriftsteller Martin Walser und den Vorsitzenden des Zentralrates der Juden in Deutschland, Ignatz Bubis. Und ebenso galt es für die meisten, die die Debatte unmittelbar weitertrugen. Es sind wohlbekannte Figuren der bundesrepublikanischen Öffentlichkeit – Dohnanyi, von Weizsäcker, Augstein, Reich-Ranicki. Die Pointe dabei ist: Noch vor kurzem wäre es unvorstellbar gewesen, daß sich zwei Prototypen der liberalen Republik, mit deren Namen der gelungene Prozeß zur demokratischen Reife verbunden werden kann, über Nacht mit einem Vorwurf konfrontiert sehen, der bisher nur einem politisch irrelevanten Milieu am Rande der Republik gegolten hat: anstelle irgendwelcher drittklassiger Symptomfiguren traf der Vorwurf von Ignatz Bubis den Erfinder bundesrepublikanischer Seelenintrospektion und den vergangenheitsbewußten, weil familienbewußten ehemaligen Ersten Bürgermeister Hamburgs.

Dabei ist die eigentliche Frage, welche Form die Erinnerung an die Schuld vorangegangener Generationen annehmen sollte, allerdings auf der Strecke geblieben. Der Tonfall existentieller Betroffenheit, der die Walser-Rede kennzeichnete, wirkte offenbar suggestiv authentisch. Sie stellte allerdings eine Zuspitzung jener Innerlichkeit dar, die noch immer zum protestantisch-idealistischen Gestus der westdeutschen Elite gehört und die der Debatte zuweilen etwas vom evangelischen Kirchentag gab: Sie wurde nicht wegen ihres geistigen Ranges, sondern wegen der Tatsache, daß es Repräsentanten waren, die sprachen, so wichtig. Was in Walser und Bubis aufeinandertraf, waren Pragmatismus und psychologische Genauigkeit des jüdischen Geschäftsmannes, der sich nicht enthält, auch von Geld zu reden, und die vage, wenn auch subjektiv von Ehrlichkeitsüberzeugung durchdrungene moralische Selbstauslotung des süddeutschen Schriftstellers. Seitdem sind, abstrahieren wir von den Personen, zwei Diskurse deutlich geworden: die Selbstbezogenheit des moralischen Diskurses, die manchmal Gefahr läuft, in den Duktus verfolgter Unschuld umzuschlagen, und das objektive Interesse an der Möglichkeit, den Holocaust symbolisch darzustellen.

Im folgenden seien die Überlegungen zur zweiten Möglichkeit weitergedacht, wie sie namentlich von Konrad Schuller in der *Frankfurter Allgemeinen* und Reinhard Mohr im *Spiegel* thematisiert wurden. Je mehr die wichtigen Sprecher einer Gesellschaft davon überzeugt sind, auf öffentliche Rituale verzichten zu können, je weniger wird ihnen einleuchten, daß man Auschwitz' symbolisch-rhetorisch angemessen gedenken kann, geschweige, daß es sich dabei um eine Notwendigkeit des deutschen Staatsverständnisses handeln könnte. Die Bundesrepublik hat seit ihrem Bestehen und zunehmend seit 1968 jeder Form von Staatsästhetik abgeschworen. Das konnte sich auf der privaten Ebene des Humors eines der angesehensten Bundespräsidenten ausdrücken, der allein seine Frau, nicht das Vaterland zu lieben für angemessen erklärte. Und das konnte sich auf der Ebene des politischen Merkspruchs eines weithin beachteten Philosophen ausdrücken, der in Kohls Unästhetik die wohltuende Vermeidung von Staatssymbolik als dessen nicht geringstes Verdienst belobigte.

Die Aberkennung von Form und Stil von Staats wegen – sicherlich auch ein Ergebnis des Verschwindens der alten deutschen Eliten von Großbürgertum, Armee, aber auch des Bürgertums selbst – kann man den Status einer westdeutschen Staatsräson zubilligen, die sich um so mehr als politischer Gestus versteht, als hierin auch eine entscheidende Differenz zur öffentlichen Symbolik des SED-Staates gesehen werden kann. Insofern gehört Martin Walsers Skrupel gegenüber den ritualisierten Formen der öffentlichen Auschwitz-Rede (wozu auch politische Nötigung oder intellektueller Kitsch gehört) in den wohlbegründbaren Kontext einer liberalen Staatlichkeit.

Martin Walsers nicht moralisch-gesinnungsmäßiger, sondern intellektueller Lapsus bestand nun aber darin, daß er die Möglichkeit, ja die Notwendigkeit einer Rhetorik über Auschwitz in den Strudel des – subjektiv verständlichen – Aufrichtigkeitskriteriums zog und dabei das nicht hintergehbare Politische in der Lauge von subjektivistischen Akzidenzien auflöste. In Bubis' Reaktion wurde, bei allen Einwänden, die man machen kann, das Gespür dafür deutlich, daß mit dem Regierungswechsel – von der mit der Erblast der Nazis viel mehr belastbaren CDU zu der in antifaschistischer Tradition stehenden SPD mitsamt ihren grünen 68ern – ein Paradigmawechsel eingetreten ist. Dieser Paradigmawechsel besteht in der Rücknahme eines auf dem schlechten Gewissen beruhenden, nie wirklich überzeugenden öffentlichen Gedächtnisses nach dem Muster »Holocaust-Denkmal ersetzt Bitburg«. Zumal als weiteres Argument hinzutrat, daß nunmehr Generationen in

Amt und Stellung kommen, die keine persönliche Erinnerung mehr an die Zeit der Massenverbrechen und an die deutsche Nation in diesen Massenverbrechen haben können.

Denn es scheint nicht nur Martin Walser, sondern wohl auch einer Reihe Jüngerer, darunter auch Politiker, so zu gehen, daß sie mit der auf den Holocaust gerichteten Staatssymbolik deswegen nichts anzufangen wissen, weil sie das, was die Kulturwissenschaftler Jan und Aleida Assmann als Gedächtnis charakterisierten – nämlich ein Eingedenken der historischen Zeit –, mit Erinnerung verwechseln: Wenn man persönlich keine Erinnerung mehr habe, dann werde die öffentlich erzwungene Erinnerung zur leeren Geste, wo es doch gerade auf die wahre Empfindung ankomme.

Die berühmte Mitscherlichsche Beschreibung der nachkriegsdeutschen Reaktion auf das Dritte Reich als die »Unfähigkeit zu trauern« ist charakteristischerweise immer einseitig, seine Struktur völlig verkennend, rezipiert worden: Was als kollektiv-neurotischer Abwehrmechanismus gegenüber dem Verlust des narzißtisch geliebten Führers diagnostiziert wurde, war vor allem ein Defizit an öffentlicher Trauerarbeit. Daraus wurde aber in der allgemeinen Rezeption des bedeutenden Buches die Vorstellung von einem Defizit an privater Trauer angesichts des Holocaust. Wenn man jetzt also die Trauerrituale in Zweifel zieht, dann setzt man dieses privatistisch-sentimentale Mißverständnis gegenüber der harten Analytik der Mitscherlichs fort.

Abschied von der Innerlichkeit

Es ließe sich an diese Einsicht die Unterscheidung von Scham- und Schuldkultur anschließen, die darauf hinausläuft, daß nunmehr eigentlich das eintreten müßte, was nach Einsicht von historischen Kennern wie Helmut Lethen charakteristisch für die Reaktion der deutschen Intelligenz auf den Ersten Weltkrieg gewesen ist: ein Abschied von der Innerlichkeit und Gewissenskultur. An deren Stelle trat die »Äußerlichkeit« der Schamkultur, indem eine hochbegabte und zeitgeistnervöse Intelligenz der inneren Stimme als Instanz zu mißtrauen begann, da die Bestialitäten des Krieges zu groß gewesen waren und das Gewissen sie nicht verhindert hatte.

Was damals als Tendenz wahrnehmbar wurde, nämlich die Sicherung von Normen in Konventionen anstatt im individuellen Gewissen, könnte eigentlich auch jetzt eintreten, sozusagen als Substitution oder Ausgleich der nicht gelungenen Schuldkultur. Aber wie die Debatte zeigt, scheint sich dies gerade nicht anzubahnen. Das Gedächtnis wird als Konvention verworfen. Nachdem die Schuldkultur psychologisch mißlungen ist, scheint die Schamkultur nun politisch zu mißraten.

Dafür sind Ursachen zu finden. Sie sollten das zukünftige Thema sein, nicht mehr ein weiterer Kommentar zu dem im Grunde nicht lösbaren Streit zwischen emotionell sich verletzt Fühlenden einer noch betroffenen Generation. Zwei Ursachen sind als die wesentlichen zu nennen. Sie seien als Verstöße gegen zwei Prinzipien genannt, ohne die der öffentliche Mensch nicht öffentlich leben kann.

Erstens: Gedächtnis entsteht nur dann, wenn es ein Gedächtnis von vielem gibt. Gedächtnis, das nur eines Einzigen gedächte, verdiente nicht den Namen. Er wäre eine Obsession und hätte als Grundlage nicht das, was Gedächtnis ausmacht: Reflexion. Das Gedächtnis eines Bestimmten ist also nur dort möglich, wo es gleichzeitig ein Gedächtnis von vielem gibt.

Zweitens: Gedächtnis ist nur im Kontext mit Selbstbewußtsein zu entwickeln. Wer gar keine Beziehung zu sich selbst im Sinne einer Wertvorstellung über seine öffentliche Existenz entwickelt, der hat keine Möglichkeit, Gedächtnis zu entwerfen – nämlich auf ein anderes Öffentliches hin, das zu seinem Öffentlichen in Beziehung tritt.

Es deuten viele Eigenschaften und Verhaltensweisen, vor allem aber Verlautbarungen des westdeutschen öffentlichen Wesens – seien es Politik, Kulturbetrieb oder Universität – darauf hin, daß diese beiden Prinzipien nicht gewußt sind oder, wenn gewußt, daß sie nicht die Substanz des täglichen intellektuellen und politischen Lebens ausmachen. Das ist zu erläutern.

Zum ersten Prinzip: Es ist ab und an schon bemerkt worden, daß die westdeutschen Schichten, die vom Bildungsgrad dazu die Voraussetzungen hätten, kaum ein Gedächtnis ihrer eigenen nationalen, kulturellen und geistigen Vergangenheit entwickelt haben. Zu sagen, man habe kein Interesse an der eigenen beziehungsweise europäischen Geschichte (abgesehen von anekdotischem oder spezialistischem Interesse), hieße, diese Bewandtnis in ihrer strukturellen Eigentümlichkeit zu verkürzen. Man muß es vielmehr so sehen: Anstatt – wie für Nationenstaaten charakteristisch – einen historischen Horizont in weiter Distanz zu sehen, das heißt, historische Erinnerung, die weit zurückgeht, zu unterhalten, ist dieser Horizont in deutscher Perspektive nicht nur viel kürzer, sondern er ist extrem kurz. So kurz, daß man in Wendung des Begriffs, der »Vom Nutzen und Nachteil der Historie für das Leben« entlehnt ist, im Sinne Nietzsches von einer Nahentfernung, die dem Tiere eignet, sprechen müßte. Der bekannte Ausdruck »Stunde Null« bezeichnet diese Nähe als einziges historisches Datum von Belang genau: das Ende des Zweiten Weltkrieges. Davor gibt es nichts und wenn doch, dann nur in Beziehung zu dieser Stunde Null.

Schon der Erste Weltkrieg ist den heute lebenden Deutschen aller Schichten keine Vorstellung mehr. Die Zeit vor dem Zweiten Weltkrieg ist das Chaos, aus dem die Stunde Null des Westdeutschen geboren wurde. Die dramatisch verkürzte historische Erinnerung ist möglicherweise synchron mit dem Schock eingetreten, der auch für die von den Mitscherlichs diagnostizierte »Unfähigkeit zu trauern« verantwortlich war. Bewußt wurde dies zweifellos erst viel später. Man könnte sagen, daß der bundesrepublikanische Deutsche geboren wurde aus dem Wissen um das Vergessen des Gedächtnisses, worin er sich von der überlebenden unmittelbaren Nachkriegsgeneration unterschied. Die Generation besaß das Erinnern noch als dunklen Schmerz, tötete ihn aber auch schon, im Sinne Mitscherlichs, ab.

Meist wird die Erkenntnis von der verkürzten Geschichte im forschen neuen Ton verharmlost, ja geschönt: Man habe eben den historischen Ballast abgeworfen und lebe um so mehr in der Gegenwart, man sei – im Unterschied zu den anderen europäischen Völkern – nicht von der Vergangenheit gejagt. Nun wäre gegen eine solche Vitalisierung des Jetzt auf Kosten des Gestern nichts einzuwenden, ginge es dabei wirklich um den endgültigen Abschied vom Historismus. Statt dessen geht es aber um einen Phantasie und Lebenskraft reduzierenden Verlust: an Bildern, an Verknüpfungen, an Identifikationen, an Träumen.

Wer eine gewisse Kenntnis vom historischen Gedächtnis der anderen europäischen Völker hat, nicht zuletzt der beiden westlichen Nationen England und Frankreich, der weiß von der kollektiven spirituellen und moralischen Basis, die dieses Gedächtnis begründet. Durchaus auch in der populären Alltagskultur: Filme, die von Robin Hood oder den Musketieren erzählen, sind noch immer auch ein Medium populären Gedächtnisses. Und die jeweiligen nationalen Filmindustrien, die sich nationaler Epen annehmen, von Jeanne d'Arc bis zur Bartholomäusnacht, von Henry V. und Azincourt, Elizabeth bis Braveheart, verdeutlichen: In Deutschland ist keine Filmlegende über Heinrich vor Canossa oder ein Stauferdrama, Barbarossa contra Heinrich den Löwen möglich, obwohl die Geschichte der deutschen Könige und Kaiser des 11. und 12. Jahrhunderts an Glanz, Psychologie und Spannung fürs Kino nicht überboten werden könnte. Da aber keiner in Deutschland diese Geschichten mehr kennt, wäre die filmische Umsetzung eine finanzielle Katastrophe. Die Nichtkenntnis entspringt fünfzigjährigem Vergessen, nachdem die Ufa-Filme der dreißiger und vierziger Jahre die nationale Epopöe instrumentalisiert haben.

Nullpunkt der Geschichte

Entscheidender ist aber etwas anderes. Man hat nicht nur die deutschen Geschichtsbildchen vergessen, Friedrich der Große *and all that* – sondern die deutsche Geschichte überhaupt. Das ist ein Prozeß gewesen, der mit dem begann, was die Mitscherlichs als »Rückzug der affektiven Besetzungsenergie« die Vergangenheit betreffend beschrieben haben. Um der eigenen Entwertung zu entgehen, hat man die Beziehung zur Zeit vor dem oben erwähnten Nullpunkt abgebrochen. Das war die erste Phase des Vergessens. Die zweite setzte mit einem scheinbar wider das Vergesssen gerichteten Gegenzug ein: Man begann die ganze Geschichte teleologisch umzustrukturieren. Die in der Öffentlichkeit einflußreichsten westdeutschen Historiker, vornehmlich Zeit- und Sozialgeschichtler, konzentrierten das kritisch gewordene Bewußtsein auf den Nullpunkt als hermeneutische Grenze.

Das hatte einmal methodologische Gründe: Man mußte Anschluß an die internationale Historik finden, also den Bruch mit bestimmten idealistischen Patterns der Nationalgeschichtsschreibung vollziehen. Das hatte vor allem aber politische Gründe. Es galt, das Ungeheuerliche zu erklären, und daraus ergab sich der finalistische Deutungsversuch. Die deutsche Geschichte schrumpfte zu Stationen vor Hitler. Daß es auch eine andere Geschichtsschreibung gab, deren Vertreter mindestens gleichrangig geachtet wurden, konnte an der spezifischen Wirkung nichts ändern. Für die linke Intelligenz, aber auch für die noch bildungsbürgerlich geprägten Schichten erwuchs eine Mentalität, die schießlich überhaupt keine Zeit mehr vor Hitler kannte. Was von der Weimarer Republik und Wilhelminischer Zeit gewußt wird, gehörte zum Weg, wohin alle deutschen Erinnerungswege führen: zu Hitler.

Das hatte Folgen, die schon unseren zweiten Punkt vorbereiten helfen. Die umfassende Entwertung der deutschen Nationalgeschichte bedeutete auch, daß man uralte Tabus nicht mehr beachtete und der eigenen Kriegstoten, vor allem der eigenen gefallenen Soldaten nicht mehr gedachte. Ein Phänomen, welches gerade von Kommentatoren der ehemaligen Gegnernationen mit verständnislosem Erstaunen, zuweilen auch einem Anflug von Verächtlichkeit bemerkt wird. Daß dies zum Abwehrmechanismus gegenüber der Nazizeit und dem deutschen Involviertsein gehört, hat Mitscherlichs Buch ebenfalls vorgeführt.

Das konsequente Telos dieser nationalen Selbstvergessenheit, der Wunsch, sich als Nation überhaupt aufzulösen, ist sozusagen die linke Phase eines Vergessensprozesses, dessen ursprünglich rechte Phase mit dem oben zitierten Mechanismus begann – dem Abtöten der Trauer. Man darf vermuten, daß die derzeitigen westdeutschen Politiker der Regierungskoalition bruchlos in dieser Mentalität des Vergessens aufgehen: Lafontaine und Schröder, auch Landespolitiker wie Clement sind die technokratisch geprägte Variante des beschriebenen Stereotyps. Ihnen fehlt nachdrücklich jeder Anflug von Erinnerungskapazität. Ihre Distanz zum politisch-historischen Symbolismus ist deshalb auch das Charakteristische ihres Regierungsanfangs.

Vergessen worden ist auch – und das ist die Substanz des nationalen Vergessens – die romantisch-ästhetische Tradition, die von der internationalen Philosophie- und Kulturwissenschaft für sich neu entdeckt worden ist. Eine Konsequenz dieser Amnesie ist sicherlich der auffällige Mangel an innovatorischer Phantasie in den westdeutschen Geisteswissenschaften: das Vorherrschen an biederem Historismus. Dies hatte auch zur Folge, daß westdeutsche Beiträge zum so hoch veranschlagten eigenen Geisteserbe international wenig Beachtung fanden und finden. Ein Paradox, von den Betroffenen offenbar unbemerkt – die bedeutende Vergangenheit trifft auf keine adäquate Gegenwart.

Zum zweiten Prinzip: Ist individuelles Selbstbewußtsein bei solcher Amnesie möglich? Zunächst eine Volte. Man hat sich klarzumachen, daß nicht historische, sondern subjektiv-private Erinnerung der entscheidende Kern jeder Selbstreflexion und Ich-Bildung ist.

Nicht das Gedenken an die geschichtliche Vorphase meines Selbst, sondern die Erinnerung an meine individuell erlebte Vorzeit, meine eigenen verflossenen Stunden, Tage und Jahre, bildet mein Zeit-Ich. Bezeichnenderweise findet Prousts Suche nach der verlorenen Zeit nicht in der vergangenen Epoche einer vergangenen Gesellschaft ihr Ziel, sonern im jäh erinnerten, scheinbar vergessenen einmaligen Augenblick eines Ferientags in der Kindheit. Und nichts charakterisiert das Mißverständnis von Historikern so gut wie die bei ihnen verbreitete Annahme, die Dichter hätten es mit der Geschichte zu tun oder sollten doch mit ihr zu tun haben, wenn man sie ernst nehmen wolle. Die rührenden Modernitätskonzepte von Historikern und Philosophen, sich dafür dichterischer Zeitentwürfe zu bedienen, scheitern alle an diesem Mißverständnis. Ihnen entgeht die Selbstbezogenheit der poetischen inneren Zeit, die keine historische Referenz hat.

Poetische Erinnerung hat also nichts mit der Erinnerung der Historiker zu tun. Während historische Erinnerung, nicht zuletzt die Erinnerung der Historiker selbst, vom Pathos der Ausbildung eines Über-Ichs lebt, ist poetische Erinnerung nur an einem interessiert: der Ausbildung des Ichs. Nicht des privaten Ichs, sondern an dem, was man erkenntniskritisch unter Subjektivität versteht. Selbst jener Beantworter des berühmten Fragebogens, der zum erstenmal die Frage nach dem größten Unglück nicht mit der jahrzehntelang sich bei dieser Frage ergebenden Antwort »Krieg«, sondern mit »Krankheit« oder »Verlust der Liebe« beantwortete, müßte nachträglich nicht mit einem Aufrichtigkeitspreis, nein, mit einem Wahrheitspreis belohnt werden.

Zoon politikon

Warum aber kann der aus der Geschichte geworfene Einwohner der Bundesrepublik aus dieser Priorität des Subjektiven vor der historischen Zeit wenig gewinnen, obwohl er im Unterschied zu der neurotisch gestörten Nachkriegsgeneration von keiner solchen Störung mehr manifest betroffen ist? Die Antwort darauf ist überraschend einfach: Weil er bei dieser Diskussion nicht als privates Wesen, sondern als Zoon politikon gefragt ist. Wie sehr es ihm auch möglich sein mag, inzwischen, zwanzig Jahre nach der Nachkriegsdebatte über Schuld und Schande, eine selbstbewußte Individualität auszubilden, wird dieses private Selbstbewußtsein, sobald es der öffentlichen Sphäre ausgesetzt ist, doch sofort mit dem beschriebenen Dilemma des Schwunds an historischem Gedächtnis konfrontiert. Und dies mit steigendem Bildungsniveau.

Die Heftigkeit der Reaktionen Martin Walsers und Dohnanyis lassen sich als Konflikt zwischen privatem Selbstbewußtsein und öffentlicher Unsicherheit erklären. Wo dieses Selbstbewußtsein weniger ausgebildet ist, etwa bei deutschen Politikern auf internationalem Parkett, stellt sich lange Zeit eine Art visuell erkennbares Vakuum des Selbst ein: Ihnen half kein Über-Ich – wie bei vielen ihrer westeuropäischen Partner –, mit Mut das Ihre zu sagen. Man war nicht etwa seiner selbst nicht ganz sicher, sondern dieses Selbst, eben ein öffentliches Selbst, war bis zur Diffusität unsichtbar. Von hier aus wird wiederum die schwerwiegende Folge, die Annihilierung der nationalen Person, verstehbar.

Wenn es kein Gedächtnis an vieles gibt, und wenn dieses Gedächtnis nicht vom Selbstbewußtsein eines öffentlich nationalen Subjekts getragen wird – so hieß die Erklärung für das Problem –, dann auch keine Kapazität zur Schamkultur, das heißt keine Formsicherheit im Gedächtnis des Holocaust. Die Flucht in die Transnationalität ist auch schon deshalb so irrational, weil gerade dadurch die nationale Akzeptanz des Jahrhundertverbrechens verwischt würde.

Nun gibt es aber eine andere, gedanklich weiterreichende Konsequenz. Sie besteht darin, den beschriebenen radikalen Geschichtsverlust quasi zu bejahen, ihn im Gegenteil zu radikalisieren und von der deutschen Geschichte nichts anderes übrigzulassen als den Holocaust als Archimedischen Punkt. Man könnte diese Reduktion der Geschichte auf den Holocaust mißverstehen als die nicht zu hintergehende hermeneutische Ausgangslage jeder Art deutscher Gedächtnishaltung. Aber das ist nur eine formal-strukturelle Bedingung. Gemeint ist der Vorschlag in aller inhaltlichen Härte: nämlich den Holocaust sozusagen zum Gründungsmythos der Bundesrepublik zu erheben.

Nach dem Gesagten bedeutet dies, daß hier die beiden konträren Möglichkeiten in eins treffen: Einerseits ist das Gedächtnis tatsächlich auf den Modus reduziert, durch den es sich nach unserer Definition um gar kein Gedächtnis mehr handelt. Es ist nur auf eines konzentriert, nicht auf vieles. Andererseits wird aber die Schamkultur anvisiert, die Möglichkeit und Notwendigkeit, sich des Holocaust symbolisch zu vergewissern. Das aber ist – so ergibt sich aus dem genannten zweiten Prinzip – eine *contradictio in adjecto*: Das Gedächtnis der Deutschen auf den Holocaust zu fokussieren nimmt ihnen die Kraft des Gedächtnisses als Ganzes und also auch die Kraft, den Holocaust symbolisch in ihr nationales Selbstverständnis aufzunehmen.

Ist das nur ein Streit um Begriffe, die eigentlich doch eine Übereinstimmung ermöglichen? Wenn hier für die Notwendigkeit eines rituellen Gedenkens plädiert wird, worin läge dann der Einwand gegen die Einsetzung eines Gründungsmythos?

Diese Frage ist keine rhetorische, denn die Antwort bedarf einiger Anstrengung. Man sehe es so: Die Befürworter des Gründungsmythos behandeln den Holocaust als eine nicht mehr hintergehbare Kategorie. Diese impliziert einen negativen Chiliasmus: Die deutsche Perversion kam in unausdenklichen Verbrechen zu sich selbst. Diese Unausdenklichkeit gestatte keine pragmatisch kontingente nationale Selbstbeziehung mehr. Aber – und nun tritt das chiliastische Moment ein – sie böte die Chance, sich von allen Aporien der unglücklichen Geschichte in einer moralischen Selbstvernichtung zu befreien und gleichzeitig an Souveränität in der teleologischen Perspektive zu gewinnen. So steigt ein Phönix des neuen Egos aus der Asche des verbrannten alten Selbst.

Was gegen diesen hier in seiner Konsequenz und seinen Implikationen weitergedachten Gründungsmythos spricht, ist vor allem folgendes: seine buchstäbliche Abgehobenheit von psychologischer und geschichtlicher Faktizität zugunsten einer abstrakten moralischen Norm.

Demgegenüber wäre die notwendige Schamkultur anders zu begründen. Aus den ausgeführten Defiziten des deutschen Gedächtnisses ergibt sich, daß man seine Umkehr nicht von heute auf morgen erzwingen kann. Dies nicht zu beachten bringt das Irreale in die neuerdings zu hörende Forderung nach neuem Selbstbewußtsein, wobei das Pfeifen im Walde zu schrill ist, als daß man die sich fortpflanzende Unsicherheit nicht merkte. – Vor allem aber ist der Begriff Selbstbewußtsein analytisch vor naivem Funktionalismus zu bewahren. Selbstbewußtsein kann in unserem Zusammenhang nur Selbst-Bewußtsein heißen. Bevor das Bewußtsein eines Selbst sich positiv auflädt, ist es als ruhiger Selbstbezug im Kontext des Nationalen erst herzustellen. Ob dies in absehbarer Zeit gelingen wird, ist fraglich. Es ist sogar zweifelhaft, daß es der Generation, die durch die alte Bundesrepublik politisch geprägt ist und nun in die politisch-gesellschaftliche Macht einrückt, überhaupt gelingen kann. Aber es ließe sich in vielerlei Hinsicht und auf vielerlei Ebenen vorbereiten.

Ein mutiger Revisionismus aller genannten westdeutschen Selbsttäuschungen wäre nötig. Martin Walsers eigentlich harmlose, aber dennoch eklatmachende Rede hat die Frage, die seit langem vor sich hin schwelt, noch im Schatten der alten Antworten behandelt. Er meinte, mit dem Nachdrücklichmachen seines objektiven und subjektiven Überfordertseins sei ein befreiender Schritt getan. Was er nicht meinte, ist der deutsche Normalfall: nämlich der Aufschrei des auf seine Privatperson reduzierten deutschen Menschen mit Erinnerung, aber ohne Gedächtnis. Wichtige Repräsentanten der alten Bonner Republik haben jetzt noch einmal alle Register gezogen. Inzwischen aber werden andere Kategorien verlangt.

Nachweise

1. Falkland und die Deutschen: FAZ, 15. 5. 1982
2. Provinzialismus: ein struktureller Befund: Merkur, Heft 501, Dezember 1990
3. Psychogramm politischer Mentalitäten: Merkur, Heft 504, März 1991
4. Das politische Vakuum: Merkur, Heft 505, April 1991
5. Ausdruck ohne Geheimnis: Merkur, Heft 507, Juni 1991
6. Seit '45 ohne Metropole: Merkur, Heft 509, August 1991
7. Europrovinzialismus: Merkur, Heft 512, November 1991
8. Physiognomik als Erkenntnis: Merkur, Heft 588, März 1998
9. Die falsche Umarmung: Merkur, Heft 603, Juli 1999
10. Kohl: System und Umwelt: Merkur, Heft 611, März 2000
11. Nationale Nachgedanken zur Wehrmachtsausstellung: Merkur, Heft 612, April 2000
12. Epilog: Schuldkultur und Schamkultur: NZZ, 12./13. Dezember 1998

Bei Fragen zur Produktsicherheit wenden
Sie sich bitte an den Carl Hanser Verlag:
Vilshofener Straße 10, 81679 München
info@hanser.de